utb 6015

Eine Arbeitsgemeinschaft der Verlage

Brill | Schöningh – Fink · Paderborn
Brill | Vandenhoeck & Ruprecht · Göttingen – Böhlau · Wien · Köln
Verlag Barbara Budrich · Opladen · Toronto
facultas · Wien
Haupt Verlag · Bern
Verlag Julius Klinkhardt · Bad Heilbrunn
Mohr Siebeck · Tübingen
Narr Francke Attempto Verlag – expert verlag · Tübingen
Psychiatrie Verlag · Köln
Ernst Reinhardt Verlag · München
transcript Verlag · Bielefeld
Verlag Eugen Ulmer · Stuttgart
UVK Verlag · München
Waxmann · Münster · New York
wbv Publikation · Bielefeld
Wochenschau Verlag · Frankfurt am Main

Sabrina Amanda Hancken

Beziehungsgestaltung in der Sozialen Arbeit

2., durchgesehene Auflage

Vandenhoeck & Ruprecht

Dr. Sabrina Amanda Hancken, Diplom-Sozialarbeiterin/Sozialpädagogin, M. A. Soziale Arbeit, Sozialtherapeutin, ist Professorin für Sozialarbeitswissenschaften an der Hochschule Merseburg.

Online-Angebote oder elektronische Ausgaben sind erhältlich unter **www.utb.de**

Mit 5 Abbildungen und 1 Tabelle

Bibliografische Information der Deutschen Nationalbibliothek
Die Deutsche Nationalbibliothek verzeichnet diese Publikation in der Deutschen Nationalbibliografie; detaillierte bibliografische Daten sind im Internet über https://dnb.de abrufbar.

Umschlaggestaltung: siegel konzeption | gestaltung, Stuttgart
Satz: SchwabScantechnik, Göttingen
Druck und Bindung: Elanders Waiblingen GmbH
Printed in the EU

Vandenhoeck & Ruprecht Verlage | www.vandenhoeck-ruprecht-verlage.com

UTB-Band-Nr. 6015
ISBN 978-3-8252-6015-6

Inhalt

Vorwort

Wir Menschen sind soziale Wesen: Wir sind auf Kontakte und Begegnungen mit anderen Menschen angewiesen. Aus diesem Grund wissen wir auch bzw. lernen von Geburt an, wie wir Beziehungen zu unseren Mitmenschen herstellen und aufrechterhalten können. Es sollte also eigentlich nicht allzu schwierig für uns sein, diese Fähigkeiten auch als Sozialarbeiter*in in unserem professionellen Alltag anzuwenden. Doch ganz so einfach ist es dann doch nicht. Es gehört schon ein bisschen Arbeit dazu.

In der Sozialarbeit haben wir oft mit Menschen zu tun, zu denen wir ohne den beruflichen Zusammenhang eher nicht in Kontakt kommen oder, wenn wir ehrlich sind, auch nicht immer unbedingt kommen wollten. Zu unterschiedlich sind wir uns dann häufig doch in unseren Werten und Meinungen, in unseren Lebensstilen, Bildungsgraden, finanziellen Ressourcen, Geschmäckern und politischen Ansichten. Zu sehr bewegt sich jede*r von uns in ihren*seinen jeweils eigenen Kreisen oder auch »Blasen«, zu wenig Kontakt haben wir im Alltag mit den allermeisten der Gruppen, die es in unserer Gesellschaft gibt. Und so sind uns viele unserer Klient*innen zunächst eher fremd – und wir ihnen. Für beide Seiten ist es nicht ganz selbstverständlich, miteinander zu tun zu haben und sich zu vertrauen.

Ein zentrales Anliegen unserer Profession ist es, unsere Klient*innen dabei zu unterstützen, dass sie ihr Leben nach ihren Vorstellungen gestalten können und sich als selbstwirksam erleben. Damit wir diese Aufgabe leisten können und damit sie unsere Hilfe annehmen können, benötigen wir eine einigermaßen vertrauensvolle Beziehung zwischen diesen Menschen und uns. Und je schwerer dies uns und/oder unseren Klient*innen zu fallen scheint, umso mehr sind wir als Profis herausgefordert: Denn wir sind es – vielleicht nicht allein, aber doch in erster Linie –, die dafür verantwortlich sind, dass wir zwischen uns eine gute Beziehung herstellen.

Wie uns dies gelingen kann und wie wir dazu aktiv und methodisch geschult beitragen können, zeigt uns Sabrina Hancken in dem vorliegenden Buch. Darin beleuchtet sie das Thema von den verschiedenen Seiten und erläutert, wie notwendig es ist, sich eine gute Beziehung zu erarbeiten. Sie macht deutlich, dass Beziehungsarbeit weder eine Kunst noch eine Frage der Persönlichkeit oder gar »der Chemie« ist und dass sie auch nicht »wie von selbst passieren« wird. Vielmehr ist sie ein Handwerk, dass wir erlernen und uns aneignen können.

Neben der Auseinandersetzung mit den theoretischen Grundlagen lässt uns Sabrina Hancken mit einer Vielzahl von Übungen und Reflexionsaufgaben ganz praktisch nachvollziehen, was es bedeutet, sich Beziehungen aktiv zu erarbeiten. Nach der Lektüre können, dürfen und werden wir uns nicht nur dafür verantwortlich fühlen, eine gute Beziehung zu unseren Klient*innen herzustellen, sondern uns auch dazu in der Lage sehen. Das ist immer dann umso wichtiger, je schwieriger es zunächst zu sein scheint: denn gerade dann sollten wir dieses Handwerk besonders gut beherrschen.

Ihnen, den Leser*innen, wünsche ich eine anregende und inspirierende Lektüre. Die Sozialarbeiter*innen unter Ihnen werden dadurch (neue) Lust darauf bekommen, auch mit schwierigen Klient*innen in Beziehung zu kommen und dadurch erfolgreich zusammenzuarbeiten. Aber auch Angehörige anderer sozialer Berufe ebenso wie interessierte Laien werden das Buch mit Gewinn lesen und etwas darüber lernen, wie man professionell aufeinander zugehen und miteinander gut arbeiten kann.

Johannes Herwig-Lempp, Halle/Merseburg

1 Einleitung

Dass Soziale Arbeit und Beziehungsarbeit zusammengehören – daran gibt es keinen Zweifel! Denn nur, wenn es gelingt, eine gute Arbeitsbasis zu schaffen, werden auch die gesteckten Ziele der Adressat*innen in erreichbare Nähe rücken. Jedoch verläuft für die meisten Sozialarbeitenden die Beziehungsgestaltung automatisch: Mal entwickelt sich die Beziehung gut, mal schlecht. Eine *professionelle* Beziehungsgestaltung zeichnet sich hingegen als ein aufgabenorientiertes, reflektiertes Handeln aus, bei dem es sich um eine wesentliche Voraussetzung für einen gelingenden sozialarbeiterischen Unterstützungsprozess handelt. Auffallend ist, dass – während die Wirksamkeit der therapeutischen Beziehung schon lange nachgewiesen wurde – entsprechende Nachweise für die Soziale Arbeit fehlen. Was macht eine gute professionelle Arbeitsbeziehung überhaupt aus? Wie können Interaktionsprozesse gelingen? Wie viel Nähe ist erlaubt? Wann ist Distanziertheit angebracht? Und wie können bereits Studierende im Rahmen ihrer Ausbildung Beziehungskompetenzen erwerben, damit ihnen die Zusammenarbeit mit Adressat*innen gut gelingt? Dies sind nur einige Fragen, die im weiteren Verlauf des Buches bearbeitet werden. Das Arbeitsbuch richtet sich vor allem an Studierende der Sozialen Arbeit, weshalb immer wieder Bezüge zu dieser Personengruppe und dem Studium hergestellt werden. Mithilfe von Fallbeispielen aus dem psychiatrischen Bereich, bei denen es sich überwiegend um tatsächlich zugetragene, anonymisierte Fälle handelt, wird die Reflexion subjektorientierter Beziehungsarbeit in unterschiedlichen Praxisfeldern geübt.

Dabei wird nicht außer Acht gelassen, dass sich die Soziale Arbeit verändert. Denn im Zuge der neoliberalen Umstrukturierungsprozesse des Sozialstaates droht der Anspruch der Sozialen Arbeit, den Menschen in den Mittelpunkt ihres Handelns zu stellen, immer weiter in den Hintergrund zu geraten. Um einer De-Professionalisierung entgegenzuwirken, muss Soziale Arbeit für ihre professionellen Werte und Standards eintreten. Nicht zuletzt, weil sie die Voraussetzung für eine langfristige, wirksame Intervention bildet, wird der Gestaltung von Arbeitsbeziehungen im Professionalisierungsdiskurs eine hohe Bedeutung beigemessen. Denn eine gute Arbeitsbeziehung kommt nicht zufällig zustande und hängt weitestgehend nicht von der Persönlichkeit des Sozialarbeitenden ab, sondern sie ist vielmehr zu großen Teilen lernbar. Deshalb bedarf es schon im Bachelorstudiengang Soziale Arbeit ausgewiesener Lernorte.

Zum Inhalt und Aufbau des Buches

Obwohl die einzelnen Kapitel des Buches aufeinander aufbauen, können sie auch jeweils für sich gelesen werden, da es sich um abgeschlossene Sinneinheiten handelt. Unterschiedliche Übungs- und Reflexionsaufgaben laden zum Mit- und Darüber-hinaus-Denken ein. Am Ende jeden Kapitels findet sich stets eine komprimierte Zusammenfassung des jeweiligen Abschnitts.

In Kapitel 1 werden die Spuren der Sozialen Arbeit auf dem Weg zur Beziehungsprofession nachgezeichnet. Neben einem kurzen geschichtlichen Rückblick in die Ausbildungsgeschichte der Sozialen Arbeit werden die Veränderungen des Professionsverständnisses von Sozialarbeitenden im Zuge sich wandelnder sozialer Problemlagen skizziert.

Kapitel 2 setzt sich mit dem erforderlichen Kompetenzprofil von (zukünftigen) Sozialarbeiter*innen auseinander. Es werden unterschiedliche theoretische Konzepte und Modelle vorgestellt, bei denen es weniger um ein Entweder-oder als vielmehr um ein Miteinander geht.

Kapitel 3 greift die »therapeutische Beziehungsgestaltung« auf. Diese liefert erste Hinweise für die professionelle Beziehungsarbeit von Sozialarbeitenden. Vertiefend wird auf die Bindungstheorie eingegangen.

Kapitel 4 bietet wichtige theoretische Hintergründe zur sozialen Beziehungsgestaltung. Neben der Darstellung dreier Ansätze werden drei Veröffentlichungen zum Thema der professionelle Beziehungsgestaltung in der Sozialen Arbeit beleuchtet. Sie bilden die Grundlage zur Herausarbeitung wesentlicher Einflussgrößen auf das professionelle Arbeitsbündnis in psychosozialen Arbeitsfeldern, die bereits im Hochschulkontext sowohl vermittelt als auch zueinander in Verbindung gesetzt, geübt und reflektiert werden können.

Kapitel 5 widmet sich der »Gestaltung einer professionellen Arbeitsbeziehung«. Weil Beziehungsarbeit ohne Kommunikation und Interaktion nicht funktionieren würde, findet als Ausgangspunkt für die Gestaltung eines professionellen Arbeitsbündnisses zunächst eine Erörterung von Gesprächstechniken statt, um darauf aufbauend weitere zentrale Einflussgrößen zu benennen. Neben diesen eher allgemein gehaltenen »Bausteinen« benötigen psychosozial Helfende ebenfalls Kenntnisse über die Besonderheiten der jeweiligen Zielgruppe im jeweiligen sozialarbeiterischen Kontext. Exemplarisch werden an dieser Stelle drei Fallbeispiele behandelt.

Das Buch endet mit einem Ausblick auf mögliche zukünftige Herausforderungen für die Soziale Arbeit, die wiederum Auswirkungen auf die professionelle Beziehungsgestaltung haben können.

2 Soziale Arbeit – eine Beziehungsprofession

Dass Soziale Arbeit eine Beziehungsprofession ist, steht außer Frage. Deshalb kann es schnell als Selbstverständlichkeit angesehen werden, dass Sozialarbeiter*innen von sich aus in der Lage sind, eine tragfähige und vertrauensvolle Beziehung zu ihren Adressat*innen aufzubauen. Doch es bedarf weit mehr als nur eines »richtigen Fingerspitzengefühls« oder der »richtigen Chemie« zwischen beiden Parteien. Grundidee des vorliegenden Arbeitsbuches ist vielmehr, dass Beziehungsarbeit nicht nur als unverzichtbarer Bestandteil der Methodik verstanden wird, sondern vor allem lernbar ist! Da die Auseinandersetzung mit der eigenen Geschichte Voraussetzung für das Verständnis der Gegenwart ist, findet nachfolgend eine Darstellung der über 100-jährigen Berufsgeschichte der Sozialen Arbeit statt.

2.1 Ausbildungsgeschichte der Sozialen Arbeit

Die Bezeichnung »Sozialarbeit/Sozialpädagogik« verweist auf zwei Ursprünge: Während sich die Sozialpädagogik aus der Jugendhilfe und dem Waisenhaus entwickelte, um schwindende familiäre Erziehungsleistungen zu kompensieren, legte die Sozialarbeit ihren Fokus auf in Not gekommene Familien. Erste engagierte Vertreter waren Wichern und Kolping (Armenfürsorge, um 1850) sowie Pestalozzi (Armenhäuser für Kinder von Armen, um 1800). Eine Unterscheidung zwischen diesen beiden Bereichen ist heutzutage kaum noch möglich, sodass das Berufsfeld immer häufiger als Soziale Arbeit bezeichnet wird. Wie es zu dieser Entwicklung kam, zeigt ein Blick in die Geschichte.

Obwohl soziale Tätigkeiten so alt wie die Menschheit selbst sind, beginnt die Professionalisierungsgeschichte der Sozialen Arbeit erst mit der Wende vom 19. zum 20. Jahrhundert. Denn nun fand zunehmend eine Verberuflichung sozialer Tätigkeiten statt. Eng verwoben mit ihren Wurzeln ist die Entwicklung ihrer Ausbildungsgeschichte. So lassen sich, bevor es überhaupt zur Institutionalisierung der Ausbildung der Sozialen Arbeit kam, bereits im Laufe des 19. Jahrhunderts erste Schulungen für die Soziale Arbeit finden. Kirchlichen Trägern kam hier eine Vorreiterrolle zu, da sie das Ziel verfolgten, Personen für soziale Hilfstätigkeiten vorzubereiten.

Aus jener Zeit bekannt geworden ist Johannes Wichern. Er gründete im Jahr 1833 das Rauhe Haus in Hamburg als ein Rettungsdorf für arme und verwahrloste Kinder. In den Häusern lebten Kinder und Erzieher in familienähnlichen Gruppen zusammen. Für die Ausbildung der Erzieher (»Brüder«; später Diakone) gründete Wichern in den 1840er-Jahren eine Brüderanstalt (vgl. Diakonie Deutschland 2018). Ein weiterer Vorläufer der Fürsorgeausbildung ist in dem einjährigen Ausbildungskurs vom Verein für Mädchen- und Frauengruppen für soziale Hilfsarbeit im Jahr 1899 zu sehen (vgl. Mühlum/Buttner 2010, S. 156). Aus ihm entstand 1908 die erste »Soziale Frauenschule« in Berlin, die von Alice Salomon gegründet wurde. Nun war eine zweijährige Ausbildung möglich. Der Bedarf an qualifizierten Fachkräften stieg, nicht zuletzt aufgrund der im Zuge der Industrialisierung größer werdenden sozialen Probleme. Dabei setzte sich zunächst das staatliche Interesse durch, dass vor allem eine Berufsausbildung und weniger ein Studium verlangte. Das Besondere hierbei ist, dass sich erst durch die Gründung der Ausbildung das Berufsbild formte und die Profession hervorbrachte. Ähnlich verlief es auch bei der Etablierung der Sozialpädagogikausbildung. Aufbauend auf den Beruf der Kindergärtnerin entwickelte sich ab 1909 das Berufsbild der Jugendleiterin. Sie war zuständig für die Arbeit mit älteren Kindern und Jugendlichen – also die Arbeit der späteren Sozialpädagogin. Durch den Ersten Weltkrieg entstanden im weiteren Verlauf soziale Notlagen, die alle Teile der Bevölkerung betrafen mit der Folge, dass die Wohlfahrtspflege ab 1914 deutlich ausgebaut wurde. Der Bedarf an Fachkräften stieg und brachte weitere neue Ausbildungsstätten hervor. Vor allem in den 1920er-Jahren etablierte sich die Soziale Arbeit mit einer Vielzahl an Ausbildungsstätten, staatlich anerkannten Abschlüssen und einem festen Platz im Bildungssystem. Dazu trugen vor allem wirtschaftlicher Aufschwung, rechtliche Regelungen sowie der Wunsch nach Anerkennung bei. Hinzu kam ein steigender Arbeitskräftemangel. Schon damals wurde über die Vor- und Nachteile einer generalistischen Ausbildung für alle Arbeitsfelder bzw. einer spezifischen Qualifikation für Teilbereiche diskutiert mit dem Ergebnis, sich auf ein allgemeines Ausbildungskonzept mit einer Wahlschwerpunktsetzung zu einigen.

Erheblichen Einfluss auf die Ausgestaltung der Profession hatte die Geschlechterordnung. Während Männer überwiegend universitäre Studienangebote in Anspruch nahmen, fanden sich Frauen oftmals an den von den

Gründerinnen der Wohlfahrtsschulen etablierten Einrichtungen wieder (vgl. Kruse 2008, S. 39f.). Nach der Machtübernahme der Nationalsozialisten kam die Sozialarbeit zum Stillstand. Die Wohlfahrtspflege wurde vielmehr zur Volkspflege. Die Lehrpläne der Frauenschulen wurden zugunsten einer nationalsozialistischen Rassen- und Gesinnungspflege ersetzt.

Nach dem Zweiten Weltkrieg musste die Ausbildung unter den widrigsten Umständen aufgebaut werden. Dabei wurde versucht, an die alten Strukturen vor 1933 anzuknüpfen. Gleichzeitig fand eine Übernahme von Konzepten und Methoden aus England und den USA statt (vgl. Schilling/Klus 2018, S. 64ff.). Die zweijährigen Fachschulen wurden wieder ins Leben gerufen und ab den 1960er-Jahren zu Höheren Fachschulen umgewandelt. Damit einher ging, dass die Bezeichnung der Wohlfahrtspflegerin durch die Berufsbezeichnung »Sozialarbeiter*in« abgelöst wurde.

Ein weiterer Meilenstein wurde 1971 erreicht, als die Anhebung der Ausbildung von Höheren Fachschulen zu Fachhochschulen erfolgte. Damit wurde sie in den tertiären Bildungsbereich übernommen. Von nun an konnten die Fächer Sozialarbeit und Sozialpädagogik als Fachhochschulstudiengänge mit Diplomabschluss studiert werden. Allerdings fehlte es noch an einschlägigem Lehrpersonal. Dieses äußerte sich darin, dass überwiegend ein Fächerstudium angeboten wurde, in dem die Sozialarbeit/Sozialpädagogik nur eine untergeordnete Rolle spielte. Die Fächer wurden von Bezugswissenschaftler*innen mit Inhalt gefüllt. Nach wie vor bestand ebenfalls ein enger Bezug der Sozialen Arbeit zu harten Problembereichen wie Sucht, Obdachlosigkeit, Psychiatrie, während die Sozialpädagogik in enger Verbindung zu Erziehungsaufgaben stand. Erst in den 1980ern weichten die Grenzen immer mehr auf, sodass sich beide Studiengänge mehr und mehr zu Studiengängen Sozialwesen bzw. Soziale Arbeit zusammenschlossen.

Seit den 1990er-Jahren setzte sich allmählich die Forderung nach und die terminologische Verwendung der Bezeichnung »Wissenschaft der Sozialen Arbeit« durch. Es dauerte noch weitere neun Jahre bis die Hochschulrektorenkonferenz und die Kultusministerkonferenz im Jahr 2001 eine Rahmenordnung für die Diplomprüfung im Studiengang Soziale Arbeit erließen und damit deutlich zur Verwissenschaftlichung der Disziplin beitrugen. Es wurde nicht nur die Vereinheitlichung des Studienganges Soziale Arbeit gefordert, sondern die Soziale Arbeit wurde erstmals als Wissenschaft bezeichnet:

> »Die Prüfungsgebiete folgen nicht der Gliederung der üblichen Wissenschaftsdisziplinen […], sondern gehen davon aus, dass die heute der Sozialen Arbeit zugrunde liegenden wissenschaftlichen Erkenntnisse/Theorien

und Methoden unter dem Begriff einer Wissenschaft der Sozialen Arbeit zusammengefasst werden können [...].« (Hochschulrektorenkonferenz/Präsidenten der Hochschulen in der Bundesrepublik Deutschland 2001, S. 49)

2.2 Bezugswissenschaften im Studium

Weil die Soziale Arbeit in sich inter- und transdisziplinär angelegt ist, wird sie erst mithilfe ihrer Bezugswissenschaften zu einer eigenständigen Disziplin. Sie verfügt über kein Alleinstellungsmerkmal. Theoretisch wird die Inter- und Transdisziplinarität insbesondere von Heiko Kleve, Albert Mühlum, Konrad Maier und Tilly Miller vertreten. Nach Kleve (2009, S. 154 ff.) ist die Wissenschaft der Sozialen Arbeit nur mehrdeutig als »Koordinationswissenschaft« für interdisziplinäre Zugänge zu sozialen Problemen vorstellbar. Dabei geht es aber weniger darum, dass sich die Soziale Arbeit aus Beiträgen und Sammlungen anderer Disziplinen speist, sondern vielmehr ist von Bedeutung, dass sie je nach Bedarf hierauf zurückgreifen und formulieren kann, welchen Input sie von ihren Bezugswissenschaften benötigt. Miller (2011, S. 243) geht noch einen Schritt weiter. Für sie ist die Soziale Arbeit nur als eine junge Wissenschaftsdisziplin mit transdisziplinärer Ausrichtung vorstellbar.

Da das Studium für die berufliche Praxis ausbildet, kommt den Bezugswissenschaften eine hohe Bedeutung zu. Mit Bezugswissenschaften sind solche Wissenschaften gemeint, die einen gemeinsamen Bezug haben, z. B. weil sich Teile der jeweiligen Gegenstandsbereiche überschneiden, die Fragestellungen komplementär sind oder die Erkenntnisinteressen übereinstimmen. Die Beziehungen zwischen der Sozialen Arbeit und ihren Bezugswissenschaften kann generell mit den Begriffen »Multidisziplinarität«, »Interdisziplinarität« und »Transdisziplinarität« beschrieben werden. Die Präfixe »post« und »trans« boomen derzeit in der sozialwissenschaftlichen Literatur.

Zur Gruppe der Bezugswissenschaften der Sozialen Arbeit gehören sowohl die Disziplinen Soziologie, Ethik, Rechtswissenschaft, Pädagogik, Psychologie, Biologie, Medizin, Ökonomie und Politikwissenschaft als auch die Fachrichtungen Geschichte, Philosophie und Theologie. Silvia Staub-Bernasconi (2007, S. 246) stellte bereits fest, dass es kein soziales Problem gebe, dass nur mit Bezug auf eine einzelne Disziplin beschrieben und erklärt werden kann. Es ist notwendig, dass die Soziale Arbeit sich ihrer gemeinsamen strukturellen Kopplungen bewusst ist, denn erst dort, wo ihre eigenen Grenzen anfangen, kommen andere Disziplinen ins Spiel. Zum Verdeutlichen eignet sich das biopsychosoziale Gesundheitsverständnis in der Sozialarbeitspraxis am Beispiel der

Sozialpsychiatrie. Professionelle Helfer*innen legen ihren Fokus auf die soziale Dimension psychischer Störung unter Beachtung psychobiologischer Aspekte und arbeiten mit weiteren Disziplinen wie Medizin und Psychologie zusammen.

Aufgrund der inhaltlichen Dichte und Relevanz für die Beziehungsarbeit werden zunächst die Bezugswissenschaften Sozial- und Berufsethik sowie Pädagogik vertieft, um in einem anschließenden Kapitel auf die Bezugswissenschaft Psychologie einzugehen.

Sozial- und Berufsethik

Soziale Arbeit hat einen engen Bezug zur Ethik. Dies wird vor allem beim methodischen Handeln deutlich. Denn die Praxis Sozialer Arbeit ist seit ihrer Entstehung zumeist an bürgerlichen Moralvorstellungen orientiert. Aufgrund des lebensweltlichen Bezuges ist das Hinterfragen eigener Moralvorstellungen sowie der in Institutionen gelebten Normvorstellungen elementar (vgl. Walter 2017, S. 65). Dafür greift die Soziale Arbeit sowohl auf die Sozial- als auch auf die Berufsethik zurück.

Bei der *Sozialethik* handelt es sich um eine Ergänzung der Ethik, die sich mit Fragen, die das Miteinander betreffen, befasst. Es geht um die Klärung, inwiefern Menschen, Institutionen, Kommunen und Länder Verantwortung für ihre Mitmenschen haben und wie sie Gerechtigkeit herstellen können. D. h. die ethische Normierung von Handlungen steht im Vordergrund, sofern sie sich institutionell verankert hat.

Hingegen bezieht sich die *Berufsethik* darauf, wie mit ethischen Fragen in sozialen Einrichtungen umgegangen wird, in denen das Handeln der professionellen Helfer*innen abläuft (vgl. Schmid Noerr 2012, o. S.). Weil es weder eine spezifische Ethik der Sozialen Arbeit noch konkrete sozialarbeiterische Werte und Normen gibt, können sich Sozialarbeitende an den gültigen Werte- und Normensetzungen für das menschliche Zusammenleben und für zwischenmenschliche Beziehungen orientieren. Die International Federation of Social Work (IFWS) gibt hierfür einen Orientierungsrahmen. Sie benennt die Prinzipien soziale Gerechtigkeit, Menschenrechte, gemeinsame Verantwortung und Achtung der Vielfalt als Grundlage der Sozialen Arbeit. Aber nicht nur auf internationaler Ebene wird die Ethik als Bestandteil der Sozialen Arbeit hervorgehoben, sondern auch im nationalen Kontext. Hier ist vor allem die Deutsche Gesellschaft für Soziale Arbeit zu nennen, die sich im Rahmen des Kerncurriculums für Soziale Arbeit mit (berufs)ethischen Themen beschäftigt (vgl. DGSA 2016).

Auch in sozialarbeitswissenschaftlichen Theorien spielt die Ethik eine Rolle. Beispielsweise versteht Silvia Staub-Bernasconi Soziale Arbeit als eine

Menschenrechtsprofession. Dabei bewegen sich Sozialarbeitende stets in einem Spannungsfeld, dem sogenannten »Doppelten Mandat«. Der Begriff »Mandat« stammt aus dem Lateinischen und versteht sich als Auftrag, Weisung oder Vollmacht. Dies bedeutet, dass Sozialarbeitende zum einen staatlichen Interessen dienen und somit auch eine Kontrollfunktion einnehmen. Denn der Staat ist in der Regel Auftraggeber für die sozialarbeiterische Hilfe. Der Spielraum für Entscheidungen ist somit nicht beliebig, weil er eben an gesetzliche Normen sowie gesellschaftliche Normvorstellungen gebunden ist. Dieses setzt eine gewisse Sensibilität aufseiten der Sozialarbeitenden für eine angemessene und gerechte Entscheidung voraus, die ethisch zu vertreten ist. Neben dem staatlichen Mandat sind Sozialarbeitende zum anderen ihren Adressat*innen verpflichtet. Hierbei handelt es sich zugleich um das zweite Mandat der Sozialen Arbeit. Es geht darum, gemeinsam mit den betreffenden Personen einen für sie gelingenden Alltag herzustellen und beizubehalten sowie sie gesellschaftlich, unter Berücksichtigung ihrer Wünsche und Erwartungen, zu integrieren.

Was damit in der Praxis gemeint ist, zeigt folgendes Beispiel aus dem Handlungsfeld des Ambulant Betreuten Wohnens. Hier kommt es immer wieder vor, dass Nutzer*innen suizidal sind. Aufgrund der oftmals langjährigen Betreuungstätigkeit kann in der Regel von einem intensiven Vertrauensverhältnis ausgegangen werden. Dennoch reagieren die Menschen in akuten instabilen Phasen sehr unterschiedlich. Während ein Teil der Adressat*innen sich in solchen Situationen sicherlich zurückziehen wird, öffnet sich ein anderer Teil seinen Betreuungspersonen gegenüber und gibt somit Einblicke in seine Gefühls- und Gedankenwelt. Häufig ist bei Gesprächen über Suizidgedanken die Angst vor einer Klinikeinweisung sehr groß. Denn bei einer Selbst- oder Fremdgefährdung kann es zu einer Einweisung in die Psychiatrie gegen den Willen der betreffenden Person kommen. An dieser Stelle befindet sich der*die Sozialarbeiter*in in einer »Zwickmühle«: Zum einen soll das Vertrauensverhältnis gewahrt bleiben, zum anderen besteht die Pflicht, zumindest beim Sozialpsychiatrischen Dienst, die Information über den krisenhaften psychischen Zustand der betreffenden Person weiterzugeben.

Reflektieren Sie Ihre bisherigen praktischen Erfahrungen:

- Fallen Ihnen Beispiele ein, wo Sie sich im Spannungsfeld von Hilfe und Kontrolle bewegt haben?
- Wie haben Sie zu einer Klärung gefunden?
- Mit welchem Ergebnis?

Das Doppelmandat wurde durch ein drittes Mandat erweitert. Vor allem Staub-Bernasconi (2007, S. 200) hat auf die Notwendigkeit der Wissenschaftsbasierung der professionellen Praxis sowie eines Ethikkodexes hingewiesen. Denn oftmals bleiben die wissenschaftlichen Ansprüche oder professionsethischen Grundsätze von Sozialarbeitenden hinter den in einer Einrichtung gewünschten oder geforderten Arbeitsweisen, z. B. aufgrund von wirtschaftlichen Zwängen oder politischen Entscheidungen, zurück.

Mit Wissenschaftsbasierung ist gemeint, dass sich die in der Praxis tätigen Helfer*innen theoretischer Wissensbestände bedienen, um sich ihre Arbeitspraxis erklären und Arbeitshypothesen aufstellen zu können. Es wird also erwartet, dass Sozialarbeitende in der Lage sind, theoretische Kenntnisse in die Praxis zu transformieren. Alltagstheorien und eigene Intuitionen sollen durch wissenschaftliche Theorien bzw. Erkenntnisse überprüft sowie hinterfragt und ggf. korrigiert werden.

Ein Berufskodex dient nach Beat Schmocker (2011, S. 8) sowohl als Orientierung und Argumentierung als auch zur Begründung von Handlungsentscheidungen. Die Geschichte hat bereits gezeigt, dass auch die Soziale Arbeit nicht frei von wirtschaftlichen, politischen oder religiösen Interessen ist. Ein von externen Einflüssen unabhängiger Ethikkodex kann zwar auch verletzt werden, ist aber, aufgrund der besonderen Stellung von Sozialarbeitenden, unabdingbar. So findet die praktische Tätigkeit überwiegend in der Lebenswelt von Adressat*innen statt und greift in demokratisch-rechtliche Verhältnisse ein, um bestimmte Handlungen oder Maßnahmen durchführen zu können. Die Notwendigkeit einer professionsethischen Begründung von Interventionen zeigt sich besonders deutlich in hierarchischen machterfüllten Arbeitsfeldern, wie es zum Beispiel beim Jobcenter oder beim Allgemeinen Sozialen Dienst der Fall ist. Dieses spiegelt sich auch im Ethikkodex der internationalen und nationalen Vereinigungen wider. Hier werden vor allem die Menschenrechte mit Fokus auf soziale Gerechtigkeit festgehalten.

Das Tripelmandat setzt ein hohes Maß an Reflexionsfähigkeit der eigenen Tätigkeit aufseiten der Praktiker*innen voraus, denn sie müssen sowohl das Spannungsfeld von Hilfe und Kontrolle reflektieren als auch einen Bezug zu theoretischen Wissensbeständen und geltenden professionsethischen Werten herstellen. Supervisionen, kollegiale Fallgespräche, Teambesprechungen und andere reflexive Gesprächsmethoden haben nicht zuletzt aus diesen Gründen eine lange Tradition in der Sozialen Arbeit.

 Denken Sie bitte an Ihre letzte Fallbesprechung, an der Sie als Fallgeber*in bzw. Teilnehmer*in in der Praxis oder im Studium teilgenommen haben.

- Was ist Ihnen in Erinnerung geblieben?
- Nach welchem Schema ist diese abgelaufen?
- Wurde ein Bezug zum Tripelmandat in irgendeiner direkten oder indirekten Weise hergestellt?

Halten Sie anschließend die jeweiligen Vor- und Nachteile fest und überlegen Sie, zu welchen Ideen und Lösungen Sie im Hinblick auf das Tripelmandat gelangen können.

Eine weitere vierte Variante zeigt Dieter Röh (2006, S. 442 ff.) auf. Er weist darauf hin, dass auch Institutionen der Sozialen Arbeit ein Mandat erteilen. Streng genommen ist dieses Mandat schon im ersten Mandat enthalten. Röh möchte aber auf eine differenzierte Betrachtungsweise im Zuge neu entstandener Realitäten, die Einzug in die Soziale Arbeit gefunden haben, aufmerksam machen. Damit zielt er auf die Ökonomisierung der Sozialen Arbeit ab. Hierdurch werde ein neues Mandat an Sozialarbeitende herangetragen, nämlich im betriebswirtschaftlichen Sinne kostengünstig unter optimaler Ausnutzung vorhandener Ressourcen zu arbeiten. Bereits im Studium werden die angehenden Sozialarbeitenden auf diese Situation vorbereitet. Sozialpolitik, Sozialmanagement und Betriebswirtschaftslehre gehören genauso zum Stundenplan wie Methoden und Theorien Sozialer Arbeit (vgl. Röh 2006, S. 442 ff.).

Offensichtlich ist, dass Sozialarbeitende sich stets mit verschiedenen Interessen auseinandersetzen müssen. Die unterschiedlichen Handlungsaufträge können ebenfalls zu Spannungen führen und damit zur Belastung für eine gelungene Beziehungsarbeit werden. Denn auf der einen Seite stehen die Adressat*innen mit ihren häufig erlebten Ungerechtigkeitserfahrungen, auf der anderen Seite sind psychosoziale Helfer*innen mit gesellschaftlichen und institutionellen Ansichten konfrontiert, die ihre jeweils eigenen Vorstellungen von einem gerechten Leben haben.

Die ethische Reflexion des täglichen Handelns und das Transparentmachen der Handlungsgründe gehören demzufolge zum Alltagsgeschäft von Sozialarbeitenden und sind für eine professionelle Arbeitsbeziehung unabdingbar (vgl. Kovàcs 2017, S. 1 ff.).

Pädagogik

Fällt der Begriff »Pädagogik« ist die Verbindung zur Sozialpädagogik nahe liegend. Oftmals werden sie sogar synonym mit der Bezeichnung »Sozialarbeit« genutzt.

Der Pädagogik kommt im Rahmen der Sozialen Arbeit eine wichtige Rolle zu, da sie sich mit Fragen der Erziehung, Bildung und Sozialisation beschäftigt. Während die Erziehung die Grundform der Pädagogik darstellt, beziehen sich Bildungs- und Sozialisationsprozesse auf individuelle Entwicklungsschritte. Die Pädagogik ist damit eine spezielle Form des Interagierens, die einerseits unterschiedliche Lebens- und Lernerfahrungen berücksichtigt, anderseits gesellschaftliche Ansprüche an das Subjekt heranträgt. Unter Berücksichtigung dieser beiden Faktoren erzieht, bildet, unterrichtet, regt die Pädagogik an und klärt auf (vgl. Engelke/Spatscheck/Borrmann 2009).

Obwohl die wissenschaftliche Pädagogik eng mit der Lehrerbildung verbunden ist, hat sie dennoch einen engen Bezug zur Bewältigung sozialer Probleme. So sind Sozialarbeitende oft in Handlungsfeldern wie Schulsozialarbeit, Jugend- und Erwachsenenbildung unterwegs und nehmen erzieherische und/oder bildungsrelevante Aufgaben wahr.

Überlegen Sie nun, wo für Sie die Gemeinsamkeiten und Unterschiede von Sozialarbeit und Sozialpädagogik liegen. Welche Konsequenzen ergeben sich hieraus

- für das Studium?
- für die Berufspraxis?

Ein Blick in die Geschichte zeigt, dass sich Sozialpädagogik und Sozialarbeit unterschiedlich entwickelt haben. Dies betrifft nicht nur ihre Herkünfte, sondern auch verschiedene Ausbildungswege weisen auf Unterschiede hin. Während die Sozialarbeit beispielsweise ihre Wurzeln im 19. Jahrhundert in der Armenfürsorge hat und sich demzufolge um in Not gekommene Familien kümmerte, findet sich der Ursprung der Sozialpädagogik in der Kompensation schwindender familiärer Erziehungsleistungen. Seit den 1920er-Jahren bewegen sich beide Disziplinen immer weiter aufeinander zu. Das Verständnis eines gemeinsamen Arbeitszusammenhanges entsprach zunehmend den gesellschaftlichen Veränderungen.

Dennoch zeigen sich in der gegenwärtigen Ausbildungssituation die unterschiedlichen Entwicklungslinien nach wie vor. Während an Hochschulen der

Studiengang Soziale Arbeit angeboten wird, kann an Universitäten das Fach Sozialpädagogik als spezielle Form der Pädagogik studiert werden. Den gesellschaftlichen Veränderungen wird durch eine weitere Spezialisierung auf den verschiedenen Ausbildungsstufen versucht, Rechnung zu tragen. Diese erscheint sinnvoll, da sich durch die Individualisierung und Pluralisierung von Lebensformen und -stilen zum einen vielfältige neue Chancen und Optionen für den einzelnen Menschen ergeben, zum anderen, weil die neu gewonnenen (Wahl-)Freiheiten diverse Risiken enthalten. Neben den klassischen Aufgaben der Sozialen Arbeit im Kontext von Armut und Ausgrenzung zeigen sich viele neue Unterstützungsformen. Hilfen zur Bewältigung problembelasteter und krisenhafter Lebenslagen sowie das Finden von Lösungen für gesellschaftliche Probleme, wie Wohnen, Arbeit, Gesundheit, die im Rahmen gesellschaftlicher Sozialpolitik dazu beitragen, die Chancengleichheit benachteiligter und ausgegrenzter sozialer Gruppen in der Gesellschaft zu erhöhen, gehören heutzutage zum psychosozialen Angebot. Im Rahmen des Studiums wird versucht, diesen Herausforderungen durch Spezialisierungen vor allem in den Masterstudiengängen nachzukommen.

Was hat das nun mit Beziehungsarbeit zu tun? Sowohl die Soziale Arbeit als auch die Pädagogik fußen auf der Beziehungsarbeit, egal ob es sich um eine Sozialarbeiter*innen-Adressat*innen-Beziehung oder um eine Lehrer*innen-Schüler*innen-Beziehung handelt. Jochen Krautz und Jost Schieren (2013, S. 7 ff.) kommen ebenfalls zu dem Schluss, dass vor allem in der pädagogischen Praxis zu wenig konkretisiert wurde, wie genau eine pädagogische Beziehungsgestaltung aussehen kann.

Psychologie

Der Psychologie als Bezugswissenschaft kommt im Hinblick auf die Ausgestaltung der professionellen Beziehung im Handlungsfeld Soziale Arbeit eine zentrale Rolle zu. Beide Disziplinen beschäftigen sich mit Theorien und Beschreibungen, wie sich Menschen im sozialen Kontext verhalten und erleben. So gehen Dieter Wälte, Michael Borg-Laufs und Burkhart Brückner (2011, S. 6) davon aus, dass ein tiefergehendes Verständnis für das Erleben und Verhalten der Adressat*innen Sozialarbeitende handlungsfähiger mache. Während sich die Soziale Arbeit immer wieder auf die Psychologie bezieht und sie in der Lehre einen festen Platz hat, gibt es andersherum bisher kaum Annäherungen. Sabine Pankofer und Annette Vogt (2011, S. 25 ff.) sehen die Gründe dafür darin, dass die Psychologie über eine deutlich längere Theorietradition verfügt, in der oftmals das Individuum im Mittelpunkt der Betrachtung steht. An dieser Stelle kann die Soziale Arbeit eine erweiterte Perspektive anbieten: Sie betrachtet den Menschen vielmehr in seinen sozialen Bezügen. Im Vordergrund stehen Austauschprozesse mit seiner Umwelt. Seit vielen Jahren liefert die Psychologie wichtige Erkenntnisse für die Soziale Arbeit. Zahlreiche Fachbücher beschäftigen sich mit den psychologischen Grundlagen in der Sozialen Arbeit (u. a. Wälte/Borg-Laufs/Brückner 2011; Bräutigam 2018). Irmtraud Beerlage et al. (1999, S. 381) haben eine ausführliche Darstellung zusammengetragen, welche psychologischen Inhalte für die Soziale Arbeit als relevant betrachtet werden können:

- Grundlagen des Erlebens/Verhaltens, der Interaktion/Veränderung von Menschen
- institutionelle, zeitliche, soziale, innerpsychische Randbedingungen der Interaktion und ihre Wirkungen auf Befindlichkeit und soziale Interaktion
- Bedingungen und Erscheinungsformen von Störung und Abweichung
- soziale, kulturelle und gesellschaftliche Definitionsprozesse von Normalität und Abweichung
- psychologische Erklärungsmodelle als Reflexionsangebote
- psychologische Begründungen für die Wahl von Interaktionsformen
  - mit psychologischer Handlungslogik
  - mit sozialarbeiterischer Handlungslogik
  - mit der Logik der lebensweltbezogenen und personenbezogenen Ressourcenstärkung

Weitere Hinweise lassen sich ebenfalls in den Modulhandbüchern der Hochschulen finden.

Vergegenwärtigen Sie sich Ihre bisherigen psychologischen Studieninhalte.

- Welche Inhalte haben Sie sich bereits erschlossen?
- Bei welchen Tätigkeiten (wie Gestaltung von Erstkontakten und -gesprächen, Begründung von ressourcenstärkendem Handeln, Selbstreflexion) haben psychologische Grundlagen zum vertieften Verständnis von Sozialer Arbeit beigetragen?

Vor allem für die professionelle Beziehungsarbeit leistet die Psychologie einen großen Beitrag. So gilt die therapeutische Beziehung als am besten erforschter und nachgewiesener Wirkfaktor in der Psychotherapie. Hierauf hat bereits im

Jahr 2000 Klaus Grawe hingewiesen. Daneben hat er vier weitere Wirkfaktoren (vgl. Grawe 2000, S. 21 ff.) herausgearbeitet:

- *Ressourcenaktivierung:* Die Eigenarten, die die Patient*innen in die Therapie mitbringen, werden als positive Ressource für das therapeutische Vorgehen genutzt. Dieses bezieht sich besonders auf vorhandene motivationale Bereitschaften, Fähigkeiten und Interessen der hilfesuchenden Person.
- *Problemaktualisierung:* Die Probleme, die in der Therapie verändert werden sollen, werden erfahrbar gemacht. Dafür stehen verschiedene Möglichkeiten zur Verfügung, beispielsweise indem Therapeut*in und Klient*in reale Situationen aufsuchen, in denen die Probleme auftreten. Oder auch durch den Einsatz von Techniken wie intensives Erzählen, Imaginationsübungen und Rollenspiele, um sich aktiv mit der Problematik auseinanderzusetzen.
- *Motivationale Klärung:* Hiermit ist gemeint, dass der*die Patient*in ein Wissen über die Hintergründe seines*ihres problematischen Erlebens und Verhaltens gewinnt.
- *Problembewältigung:* Die Therapie unterstützt die betreffende Person dabei, positive Bewältigungserfahrungen im Umgang mit den eigenen Problemen zu machen.

Insgesamt konnte gezeigt werden, dass ca. 10 % der Varianz des Therapieergebnisses auf die therapeutische Beziehung zurückzuführen ist (vgl. Horvath/Flückinger/Del Re/Symonds 2011, S. 9 ff.). Welche einzelnen Faktoren nun tatsächlich eine gute Arbeitsbeziehung ausmachen, ist nicht ausreichend geklärt. Matthis Hermer und Bernd Röhrle (2008, S. 20 ff.) kommen beispielsweise zu dem Schluss, dass u. a. Vertrauen, Einfühlungsvermögen, Sympathie, genügend Zeit, ein lösungsorientiertes Vorgehen sowie ein respektvoller Umgang Merkmale einer gelungenen therapeutischen Beziehung sind. Neben der therapeutischen Beziehung komme der Motivation und aktiven Mitarbeit seitens der Patient*innen eine wichtige Funktion zu. Hierbei spiele die Selbstwirksamkeit eine zentrale Rolle (vgl. Morschitzky 2007). Damit ist gemeint, dass die betreffende Person erfährt, dass sie ihre Symptome selbst beeinflussen kann und wieder Hoffnung gewinnt, in Zukunft besser mit Problemen umgehen zu können.

 Zum Abschluss des Kapitels zu den Bezugswissenschaften überlegen Sie, ggf. unter Rückgriff auf Ihr Modulhandbuch:

- Welche Rolle und Funktion nehmen Bezugswissenschaften in Ihrem Studium der Sozialen Arbeit ein?

- Welche Perspektive braucht die Soziale Arbeit auf ihre Bezugswissenschaften, um mit ihnen gleichberechtigt zusammenarbeiten zu können?
- Inwieweit helfen Ihnen die unterschiedlichen Bezugswissenschaften bei der Aneignung eines professionellen Selbstverständnisses?

2.3 Ausbilden nach Bologna-Reform

Mein Kollege Johannes Herwig-Lempp hat bereits im Jahr 1997 folgende Aussage getroffen: »Was wir brauchen, ist nicht etwa eine neue oder andere Sozialarbeit, sondern ein anderes Selbstbewusstsein, Klarheit über die eigene Rolle und das eigene Selbstverständnis [...]« (Herwig-Lempp 2007, S. 24). Dies wird besonders am Verhältnis der Bezugswissenschaften zur Disziplin Sozialer Arbeit deutlich. Festhalten lassen sich an dieser Stelle folgende Erkenntnisse:

- Die Profession Soziale Arbeit ist stets in einem interdisziplinären Bezugsrahmen zu sehen.
- Die Wissenschaft Sozialer Arbeit ist stets auf unterschiedliche Wissensbestände anderer Disziplinen bezogen und angewiesen.

Welchen Stellenwert den Bezugswissenschaften im Studium der Sozialen Arbeit beigemessen wird und welche Inhalte gelehrt werden, ist von Hochschule zu Hochschule unterschiedlich. Dabei gibt es verschiedene Modelle der Verknüpfung der Sozialen Arbeit mit ihren Bezugswissenschaften, sodass die Beziehungen unter ihnen generell mit den Begriffen »Multidisziplinarität«, »Interdisziplinarität« oder »Transdisziplinarität« beschrieben werden können. Bei der *reinen Fächerakkumulation* stehen sie gleichwertig, aber isoliert nebeneinander. Ein ausdrücklicher Bezug zur Sozialen Arbeit besteht nicht. So werden beispielsweise Seminare zur Sozialen Arbeit, zu Rechtsgebieten, zur Psychologie, zur Medizin etc. angeboten. Darüber hinaus gibt es die *Fächerakkumulation mit Ausrichtung auf die Wissenschaft Soziale Arbeit,* d. h. die Bezugswissenschaften richten sich einzeln und direkt auf das zentrale Fach aus (Modell: Geschichte – Soziale Arbeit, Medizin – Soziale Arbeit, Psychologie – Soziale Arbeit etc.). In einem weiteren Modell werden die Bezugswissenschaften zu Subdisziplinen. Damit ist gemeint, dass Inhalte und Arbeitsweisen der Bezugswissenschaften in Teilbereiche der Wissenschaft der Sozialen Arbeit übernommen und den Belangen der Sozialen Arbeit angepasst werden (Modell: Geschichte der Sozialen Arbeit, Recht in der Sozialen Arbeit oder Klinische Sozialarbeit, Sozialpsychiatrie, Sozialmanagement etc.). Inwieweit bereits eine transdisziplinäre Lehre an den Hochschulen im B. A.-Studiengang vertreten wird, kann anhand des Modulhandbuches der jeweiligen Hochschule nachvollzogen werden.

Innerhalb der Ausbildung zeigt sich, dass sich das Verständnis von Sozialer Arbeit als Leitdisziplin langsam abzeichnet. Leitdisziplin ist nicht mit Dominanzdisziplin zu verwechseln, denn es geht um Durchlässigkeit von Wissen. Der Trend zur inter- und teilweisen transdisziplinären Lehre wird sichtbar.

Auch am Lernort Hochschule ist in den vergangenen Jahrzehnten viel passiert. Besonders einschneidend war die Bologna-Reform vor über 15 Jahren. Hierbei handelt es sich um die größte Bildungsreform des vergangenen Jahrzehntes. Der Grundgedanke dabei war die Schaffung eines einheitlichen europäischen Hochschulsystems mit anerkannten Abschlüssen. Es wurde ein graduelles Studiensystem mit Bachelor- und Masterstudiengängen eingeführt.

Bestand das Studium vor der Reform überwiegend aus Vorlesungen, Seminaren, Übungen, Forschungswerkstätten sowie Reflexions- und Projektgruppen, gelten Module heute als abgeschlossene Lehr- und Lerneinheiten, die über Lernziele definiert werden und einzeln zu studieren sind.

Herausfordernd ist für die Soziale Arbeit auch mehr als 15 Jahre später die Gestaltung der Modularisierung dahingehend, dass die ihr innewohnende Patchworkstruktur überwunden werden muss. Die Gefahr, dass die Studierenden einzelne wesentliche Aspekte in den jeweiligen Modulen der Sozialen Arbeit erfahren und die Transferleistung zu einem umfassenden Ganzen selbstständig herstellen müssen, besteht immer noch. Um die ggf. bestehende Fragmentierung zu überwinden, bietet sich eine stärkere inter- und transdisziplinäre Ausrichtung der Lehrveranstaltungen an. Denn nur mithilfe ihrer Bezugswissenschaften stellt die Soziale Arbeit eine eigenständige Handlungsprofession dar (vgl. Miller 2011, S. 171).

Was bedeutet nun der Bologna-Prozess für das Studium der Sozialen Arbeit? Burkhard Hill (2012, S. 87 ff.) hat ein bisheriges Resümee gezogen. Er kommt zu dem Schluss, dass die Karrierechancen für Sozialarbeitende gestiegen sind. Nun endet das Studium nicht mit dem Diplom, sondern durch den Zugang zu Masterstudiengängen ist auch die Promotion in realistische Nähe gerückt. Gleichzeitig finden sich in den Bachelorstudiengängen zunehmend Anteile an Sozialarbeitswissenschaften mit den Bestrebungen nach einer eigenen Forschung und Theoriebildung. Darüber hinaus führen die zur Studienreform gehörenden Modulbücher, wie bereits gezeigt, zu mehr Transparenz. Daneben sind zu den überwiegend generalistisch ausgerichteten Bachelorstudiengängen eine Vielzahl an neuen Studiengängen, wie Pflegemanagement, Elementarpädagogik, Frühkindliche Bildung, hinzugekommen, sodass es mit den überwiegend spezialisierten Masterstudiengängen zu einer weiteren Ausdifferenzierung und Spezialisierung kommt. Als schwerwiegendes Problem betrachtet Hill, dass die zweisemestrigen Praxisphasen im Zuge der Reform in der Regel auf ein Semester gekürzt wurden bzw. ganz verschwanden. Hierdurch käme es zu einem Verlust an Zeiträumen zur professionellen Reflexion.

Ein besonderes Augenmerk gilt im Bildungsprozess nun der Kompetenzorientierung. Denn durch die Bildungsreform kam es zu einer Verschiebung von einer Input- zu einer Output-Orientierung, also das, was am Ende des Studiums herauskommen soll. Diese neue Lern- und Lehrkultur drückt sich im sogenannten »Shift from teaching to learning« aus (vgl. Wildt/Eberhardt 2003, S. 14 f.). Im Zentrum der Lehre steht seitdem das möglichst eigenständige Lernen der Studierenden mit dem Ziel, Wissen aktiv in einem Handlungskontext zu erwerben. Dieser Modernisierungsprozess möchte den gegenwärtigen gesellschaftlichen Veränderungen Rechnung tragen. Unsere Wissensgesellschaft ist gekennzeichnet durch einen schnellen Informationszuwachs bei gleichzeitigem Verfall der Halbwertzeit von Wissen. Eine wesentliche Kompetenz besteht bei der Bewältigung von Wissen also darin, Informationen kontextabhängig auswählen, einordnen und bewerten zu können. Infolgedessen geht Kompetenzorientierung mit der Modernisierung der Hochschulbildung durch den Bologna-Prozess, der Einführung von Bachelor- und Masterstudiengängen sowie der externen Qualitätssicherung (Akkreditierung) einher.

Bevor auf die Handlungskompetenzen für Sozialarbeitende eingegangen wird, findet zunächst eine Auseinandersetzung mit sich wandelnden Anforderungen für Sozialarbeitende im Praxisfeld statt. Denn nicht nur die Hochschulausbildung befindet sich seit Jahren im Wandel und versucht auf veränderte gesellschaftliche Bedingungen einzugehen. Hinzu kommen sich wandelnde Zielgruppen und sich weiter ausdifferenzierende Tätigkeitsfelder, die wiederum neue Fähig- und Fertigkeiten erfordern.

2.4 Lebenslagen und Handlungsfelder im Wandel

Veränderte Lebenslagen sind in allen Handlungsfeldern der Sozialen Arbeit spürbar. Spätestens seitdem Ulrich Beck im Jahr 1986 die Gesellschaftsdiagnosen »Individualisierung« und »zweite Moderne« in seinem Buch »Risikogesellschaft« gestellt hat, prägen sie ebenfalls die Soziale Arbeit.

Im Zuge der zweiten Moderne spielt der Begriff der reflexiven Modernisierung eine Rolle.

> »Selbsttransformation der Industriegesellschaft; also Auf- und Ablösung der ersten durch eine zweite Moderne, deren Konturen und Prinzipien es zu entdecken und zu gestalten gilt. Das heißt: Die großen Strukturen und Semantiken nationalstaatlicher Industriegesellschaften werden z. B. durch Individualisierungs- und Globalisierungsprozesse transformiert, verschoben, umgearbeitet, und zwar in einem radikalen Sinne; keineswegs unbedingt bewusst und gewollt, sondern eher unreflektiert, ungewollt, eben mit der Kraft verdeckt gehaltener Nebenfolgen.« (Beck 1996, S. 27)

Es geht also um den Übergang der Gesellschaftsgestaltung von der ersten Moderne in eine zweite, reflexive Moderne. Der soziale Wandel wird als eine dauerhafte Gesellschaftsveränderung ins Unbekannte verstanden. Dabei macht sich das Problem der Nebenfolgen sozialen Handelns bemerkbar. Das Verhältnis zwischen intendierten Handlungen/Zielen und nicht intendierten Nebenfolgen zeigt sich in teilweise dramatischer Form, denn oft benötigt die Bearbeitung der Nebenfolgen mehr Zuwendung als die ursprüngliche Handlung. Beispielsweise besteht im Rahmen des Ambulant Betreuten Wohnens die Gefahr, dass Nutzer*innen in ein Abhängigkeitsverhältnis zu ihrem*ihrer jeweiligen Bezugsbetreuenden geraten und dadurch die eigentliche Zielsetzung der Maßnahme in den Hintergrund rückt.

Zwei miteinander verknüpfte Entwicklungstrends sind in diesem Kontext von Bedeutung: Individualisierung und Globalisierung.

Mit *Individualisierung* ist gemeint, dass Menschen heute viel individueller und freier handeln, als es noch bis in die 1960er-Jahre der Fall war. Steigender Wohlstand, kürzere Arbeitszeiten, schärfere individuelle Konkurrenz in Bildungseinrichtungen und bei der Arbeit sowie vermehrte Mobilität und höhere Bildungsniveaus haben zu dieser Veränderung geführt. Nun liegt es überwiegend am Individuum, selbst zu entscheiden, wie es leben und sein Leben gestalten möchte. Dabei verlieren Muster, Vorbilder, Traditionen und leitende Normen an Bedeutung. Um dennoch Halt und Orientierung zu haben, finden sich Menschen in neuen Gemeinschaften und Formen des Zusammenlebens wieder, wodurch es wiederum zu einer Pluralisierung von Lebensstilen und -milieus kommt (Beck 1986, S. 206). Die Freisetzung des Einzelnen aus dem »engen Korsett« aus Vorgaben führt zu mehr Wahlmöglichkeiten. Das Individuum muss immer mehr Entscheidungen eigenständig treffen. Um diesen Herausforderungen nachkommen zu können und nicht den Überblick zu verlieren, schafft die Wissensgesellschaft Abhilfe.

Globalisierung als weiterer Entwicklungsmotor für die zweite Moderne meint den Vorgang weltweiter und weltumspannender Aktivitäten. Diese entwickelten sich zwischenzeitlich zu einer globalen Verflechtung wirtschaftlichen Ursprungs, welche sich auf die persönlichen, gesellschaftlichen und politischen Ebenen ausdehnt (vgl. Schüttauf/Brudermüller 2007, S. 7 f.).

- Welche sozialen Folgen haben sich aus diesen Veränderungsprozessen ergeben?
- Wo liegen die Chancen/wo liegen die Gefahren der Entwicklung?

Die Folgen der gesellschaftlichen Veränderungsprozesse sind komplex und haben enorme Auswirkungen auf die Soziale Arbeit. Michael Erler (2007, S. 115) kommt zu folgendem Ergebnis:

> »Armut, Veränderungen von Normal- und Erwerbsbiografien (Arbeitslosigkeit), Wandel familialer Lebensformen, Mobilität und Individualisierungsschub. Dazu kommt die Durchrationalisierung von Lebenswelten mittels Informations- und Kommunikationstechnologien.«

Begleitend hierzu hat sich der Wohlfahrtsstaat in einen »aktivierenden Sozialstaat« gewandelt. Damit möchte er aus den »Fehlern« der Vergangenheit lernen, indem er kostengünstiger und effektiver wird. Er setzt zunehmend auf die Eigenverantwortung der Menschen. Dieses spiegelt sich auch bei den sozialen Einrichtungen wider. Denn hier hat die Orientierung an wirtschaftlichen Kriterien im Zuge der Ökonomisierung seit den 1990er-Jahren Einzug gehalten. Das betriebswirtschaftliche Denken geht einher mit einer effizienten, effektiven und kostengünstigen Vorgehensweise und setzt dabei auf die Eigenverantwortung und Selbsthilfefähigkeiten ihrer Adressat*innen, ganz im Sinne des neoliberalen Staates. Es geht um die Aktivierung von Ressourcen zur Lebensbewältigung. Der Ausgleich von Defiziten und Schwierigkeiten rückt in den Hintergrund.

Der Konkurrenzdruck unter den Leistungsanbietern wächst. Das Wohl der »Kund*innen« dient der Sicherung des eigenen Bestandes. Die Orientierung an Qualitätssicherungsinstrumenten hilft den Kostenträgern bei der Überprüfung der Wirksamkeit der Maßnahme/n. Für die professionell Helfenden bedeutet dies, eine gelingende Verknüpfung zwischen Ökonomie und professionellem Selbstverständnis herzustellen (vgl. Buestrich/Wohlfahrt 2008, S. 47 ff.).

 Machen Sie sich zu folgenden Fragen Notizen:
- Welchen Herausforderungen wird sich die Soziale Arbeit zukünftig stellen müssen?
- Welche Veränderungen ergeben sich Ihrer Meinung nach im Hinblick auf Tätigkeiten und Zielgruppen Sozialer Arbeit?

Mit dem sozialen Wandel verändern sich auch die sozialen Probleme, die Folge der beschriebenen Entwicklung sind. Besonders gravierend zeigt sich in Deutschland, dass soziale Ungleichheiten zunehmen.

Unter dem Begriff »soziale Ungleichheit« versteht Stefan Hradil (2001, S. 23 ff.), wenn die Ressourcenausstattung (wie das Bildungsniveau) oder die Lebensbedingungen (beispielsweise die Wohnverhältnisse) so beschaffen sind, dass bestimmte Bevölkerungsteile bessere Lebens- und Verwirklichungschancen als andere Gruppierungen haben. Besonders im Hinblick auf das Einkommen zeigen sich zunehmend Ungleichheiten. Zudem sind die Armutslagen flexibler geworden. Damit ist gemeint, dass Armut in jedem Lebensmilieu vorkommen kann. Während die eine Hälfte der Bevölkerung 0,9 % des Geldes besitzt, verfügt die andere Hälfte über 99,1 % (vgl. Armuts- und Reichtumsbericht der Bundesregierung 2017, S. 506). Daneben kommt es durch die Flexibilisierung der Arbeitsverhältnisse zu einer Ablösung der bisherigen Normalarbeit. Prekäre Arbeitsverhältnisse breiten sich aus, befristete Arbeitsverhältnisse nehmen zu und Lücken im Lebenslauf, hervorgerufen durch Phasen der Arbeitslosigkeit, gehören zur Normalität. Mobilität und Flexibilität bestimmen die Arbeitswelt und führen zu Veränderungen im sozialen Leben. Beispielsweise erfordert die Organisation des Familienlebens einen hohen Aufwand an Logistik und zeitlichem Management. Ein flexibler und unternehmerisch tätiger Mensch ist in jeder Lebenslage gewünscht (vgl. Seithe 2012, S. 112). Mit diesen gesellschaftlichen Wandlungsprozessen nehmen auch die psychosozialen Probleme und Schwierigkeiten bei der Lebensbewältigung zu, bei denen Sozialarbeitende dringend gefordert sind:

Kindesvernachlässigung

Kindesvernachlässigung ist nach wie vor ein großes Thema in unserer Gesellschaft. Hiervon kann gesprochen werden, wenn die Fürsorge durch die Bezugspersonen dauerhaft oder wiederholt, beispielsweise durch Unterernährung, unzulängliche Kleidung, mangelhafte Pflege, unzureichende Gesundheitsfürsorge, fehlende Zuneigung und Bestätigung, vernachlässigt wird (vgl. Gleichberechtigung und Vernetzung e. V. 2018). Das Statistische Bundesamt hat 2016 folgende Zahlen veröffentlicht: 63,7 % der Kinder, bei denen eine akute oder latente Kindeswohlgefährdung vorlag, wiesen Anzeichen von Vernachlässigung auf. In 27,0 % der Fälle zeigte sich eine psychische Misshandlung und in 23,1 % der Fälle wurden Anzeichen für körperliche Misshandlungen festgestellt. Sexuelle Gewalt lag in 4,4 % der Fälle bei Kindern vor, bei denen eine Kindeswohlgefährdung im Raum stand. Es zeigte sich, dass Kleinkinder bei den Verfahren zur Einschätzung der Gefährdung des Kindeswohls besonders betroffen waren. Fast jedes vierte Kind (23,4 %), für das ein Verfahren durchgeführt wurde, war unter drei Jahre alt (vgl. Destatis 2016).

Schulverweigerung

Schulabstinenz ist ein großes gesellschaftliches Problem und kann gravierende Folgen mit sich bringen. Dabei ist zwischen aktiver und passiver Schulverweigerung zu unterscheiden: Während bei erstgenannter Form Kinder/Jugendliche den Schulbesuch aktiv verweigern, nehmen sie beim passiven Verweigern physisch am Unterricht teil, jedoch ohne sich zu beteiligen. Sie träumen, schlafen oder haben Bücher und Unterlagen nicht dabei und verweigern einfach die Mitarbeit. Etwa 10 bis 20 % der Schüler*innen in Deutschland meiden die Schule (vgl. Seithe 2012, S. 72). Die Motive hierfür sind sehr verschieden, angefangen bei familiären Gründen über mangelhaftes Zurechtfinden in der Großgruppe bis hin zu Problemen mit anderen Schüler*innen bzw. Lehrer*innen. Die Folgen von Schulverweigerung für das spätere Leben können für die Betreffenden gravierend sein. Etwa drei Viertel von ihnen weisen psychische oder psychiatrische Störungen auf und zeigen deutliche Tendenzen zu Somatisierungsstörungen. Zudem leiden sie oft unter mangelnder Autonomie und Selbstunsicherheit und haben Schwierigkeiten, sich sozial zu integrieren (vgl. Sonnenmoser 2007).

Suchtprobleme

Viele Menschen in Deutschland konsumieren Suchtmittel und Drogen mit gravierenden Auswirkungen auf ihr Leben. Die Bundesregierung hat Zahlen aus dem Jahr 2015 veröffentlicht: Ca. 14,7 Millionen Menschen rauchen, 1,8 Millionen Menschen sind alkoholabhängig und schätzungsweise 2,3 Millionen Menschen sind von Medikamenten abhängig. Weitere 600.000 Menschen weisen einen dysfunktionalen Konsum von Cannabis und anderen illegalen Drogen auf. Bereits 500.000 Menschen weisen ein problematisches Glücksspielverhalten auf und ca. 560.000 Menschen sind onlineabhängig (vgl. Bundesministerium für Gesundheit 2018). Daneben leben etwa 2,5 Millionen Kinder in suchtbelasteten Familien. Etwa 40.000 bis 60.000 dieser Eltern sind drogensüchtig, bei den übrigen liegt eine Alkoholabhängigkeit vor. In diesem Zuge ist ein besonderes Augenmerk auf das Fetale Alkoholsyndrom zu legen. Etwa 10.000 Kinder werden jährlich mit alkoholbedingten Folgeschäden geboren. Davon haben 2.000 Neugeborene schwere Schädigungen (vgl. Drogenbeauftragte der Bundesregierung 2018, S. 108 ff.).

Auffallend ist weiterhin, dass Studierende überproportional viel Alkohol im Vergleich zu nicht studierenden Personen konsumieren. Dies ermittelten Christian Hammerschmidt und Nora Heine (2008). Sie führten eine Umfrage im Rahmen ihrer Promotion durch, in der sie u. a. das »Binge-Drinking« (Rauschtrinken) erfasst haben. Es stellte sich heraus, dass unter den befragten Studierenden mehr als die Hälfte (57,1 %) Binge-Trinker*innen, im Survey (vgl. Bundesministerium für Gesundheit 2018) weniger als ein Drittel (31,6 %), waren. Darüber hinaus stellten sich in der Braunschweiger Untersuchung von den Binge-Trinker*innen 17,8 % als »Heavy User*innen« dar, im Vergleich zu 12,9 % in der Allgemeinbevölkerung. Der Trend zum Rauschtrinken konnte hierbei für beide Geschlechter aufgezeigt werden.

Psychische Beeinträchtigungen

Angststörungen, affektive Störungen sowie Störungen durch Alkohol- und Medikamentenmissbrauch zählen zu den häufigsten psychischen Störungen. Mehr als jede vierte Person (27,8 %) erfüllt in Deutschland im Laufe eines Jahres die Kriterien für eine psychische Beeinträchtigung. Davon nehmen aber nur 18,7 % der Betroffenen professionelle Hilfe in Anspruch.

Im Jahr 2016 gab es 56.048 zivilrechtliche Unterbringungen nach dem Betreuungsrecht und im Jahr 2015 83.418 öffentlich-rechtliche Unterbringungsverfahren nach den Psychisch-Kranken-Gesetzen. Es kommt gravierend hinzu, dass sich die Lebenserwartung aufgrund psychischer Leiden um 10 Jahre verringert. Weiterhin entfielen 14,7 % der Arbeitsunfähigkeitstage auf psychische Erkrankungen. Die durchschnittliche Dauer der Krankschreibungen aufgrund psychischer Erkrankungen lag bei 34 Tagen. Psychische Erkrankungen sind heute mit 43 % der häufigste Grund für Frühverrentungen (vgl. Deutsche Gesellschaft für Psychiatrie und Psychotherapie, Psychosomatik und Nervenheilkunde 2019, S. 1 ff.).

Im Hinblick auf junge Erwachsene konnte der Barmer-Arztreport (2018, S. 135 ff.) aufzeigen, dass auch bei dieser Personengruppe psychische Erkrankungen wie Depressionen, Angststörungen oder Panikattacken zunehmen. Der Anteil der 18- bis 25-Jährigen mit psychischen Diagnosen ist zwischen den Jahren 2005 bis 2016 bereits um 38 % gestiegen. Selbst bei Student*innen ist mehr als jede sechste Person (17 %) von einer psychischen Diagnose betroffen. Dabei zeigt sich, dass ältere Studierende (>28 Jahre) wiederum ein deutlich höheres Risiko als jüngere Kommiliton*innen haben.

Verschuldung

Der »SchuldnerAtlas« (Verband der Vereine Creditreform e. V. 2018a, S. 1) kommt für das Jahr 2018 zu dem Ergebnis, dass private Haushalte mit 209 Millionen Euro verschuldet und mehr als 6,9 Millionen Menschen über 18 Jahren in Deutschland überschuldet sind. Das sind rund 19.000 Personen mehr als noch im letzten Jahr (plus 0,3 %). Dabei ist die Verschuldung im Osten höher als in den alten Bundesländern.

Weiterhin fällt auf, dass sich immer mehr Frauen verschulden, während die Quote bei Männern überwiegend gleich bleibt. Ebenfalls fallen beim Mittelstand, unabhängig von der Region, zunehmend Schulden an. Das Phänomen »Altersüberschuldung« gewinnt an Bedeutung, denn rund 263.000 Menschen in Deutschland über 70 Jahren können als überschuldet eingestuft werden (vgl. Verband der Vereine Creditreform e. V. 2018b). Die durchschnittlichen Schulden einer überschuldeten Person, die im Jahr 2017 die Hilfe einer Beratungsstelle in Anspruch genommen hat, betrugen 30.170 Euro. Das war das 28-fache des durchschnittlichen monatlichen Einkommens dieses Personenkreises (1.072 Euro) (vgl. Destatis 2019).

Nach einer Befragung des Personaldienstleisters »univativ« (2019) starten 44 % der Studierenden ihr Berufsleben mit Schulden aus der Studienfinanzierung. Zu den am häufigsten genannten Einnahmequellen während des Studiums gehörten Studentenjobs mit 67 %, die Unterstützung der Eltern mit 53 % und der Bezug von BAföG mit 35 % (Mehrfachnennungen waren möglich). Studienkredite nahmen lediglich 10 % der Befragten auf; von Stipendien profitierten nur 9 %. Daraus ergibt sich, dass 12 % der Studienabgänger*innen mit 10.000 bis 19.999 Euro Schulden in die Erwerbstätigkeit starteten, 11 % der Berufsanfänger*innen nahmen 6.000 bis 9.999 Euro Schulden mit. Bei 8 % der Studienteilnehmer*innen beliefen sich die Schulden auf 3.000 bis 5.999 Euro, nur bei 10 % lagen sie darunter (vgl. univativ GmbH 2019, S. 1 ff.).

Diese Aufzählung lässt erkennen, dass Sozialarbeitende heute mit den unterschiedlichsten Problemen konfrontiert sein können. Sogenannte Multiproblemsituationen gehören zum Alltag.

Zum Beispiel liegt der Fokus im Ambulant Betreuten Wohnen auf Menschen mit einer psychischen Erkrankung. Hinzu kommen in der Regel noch viele weitere Probleme: Arbeitslosigkeit, Verschuldung, körperliche Erkrankungen, wenige soziale Kontakte, alleinlebend und suchtmittelabhängig sind nur einige Situationen, in denen sich die Adressat*innen befinden können. Häufig handelt es sich um einen »Teufelskreis«: Aufgrund ihrer psychischen Erkrankung ist die Arbeitsfähigkeit eingeschränkt, sodass es zu finanziellen Einbußen kommt. Hierdurch werden wiederum die sozialen Aktivitäten eingeschränkt, was Kontaktabbrüche zur Folge hat. Um mit der Einsamkeit zurechtzukommen, kann ein gehäufter Alkoholkonsum stattfinden, der wiederum zu einem veränderten Tag-Nacht-Rhythmus führt und die Teilnahme an tagestrukturierenden Angeboten erschweren kann.

Nachdem Sie nun einen Überblick über die sozialstaatlichen Entwicklungen und ihre möglichen Folgen auf die Lebenswelt und die Adressat*innen selbst erhalten haben: Welche Rückschlüsse ziehen Sie hieraus für die Beziehungsgestaltung zwischen Sozialarbeiter*in und Adressat*in?

Es kann festgehalten werden, dass sich die sozialen Probleme mit dem gesellschaftlichen Wandel verändern und sich damit folglich auch das Berufsbild von Sozialarbeitenden im Umbruch befindet. Ging es viele Jahre um das Helfen von bedürftigen Menschen, so stehen heute das Aktivieren, Befähigen, Fördern und Ermächtigen der Individuen im Vordergrund des Handelns. Es geht um eine veränderte Sichtweise. Begegnungen sind auf Augenhöhe zu gestalten und basieren nicht mehr auf dem alten Gedanken der Fürsorge, frei nach dem Motto: Ich weiß, was in der jeweiligen Situation für dich das »Richtige« ist. Stattdessen sind Hilfen in Form von Dienst-, Geld- und Sachleistungen so zu gestalten, dass die empfangende Person in die Lage versetzt wird, sich selbst zu helfen. Dabei wirkt sich die Neuausrichtung als aktivierende Sozialstaatlichkeit ebenfalls auf die Beziehungsgestaltung aus. Der Rückzug des Staates aus der Finanzverantwortung führt zu einer Ausweitung von Kontrolle und Sanktionen. Die Voraussetzungen für Hilfen werden strenger und ihre Wirksamkeit wird überwacht. Dabei gilt auch für sozialarbeiterische Hilfen das politische Schlagwort »Fördern und Fordern« mit Tendenz zum Letzteren. Sozialarbeitende sind angehalten, offen und transparent über ihren Handlungsspielraum mit Adressat*innen zu sprechen und dabei Machtstrukturen offenzulegen, damit einer asymmetrischen Beziehungskonstellation entgegengesteuert wird.

Für die professionelle Beziehungsarbeit können vorläufig folgende Erkenntnisse mitgenommen werden:

- Adressat*innen sind ihre eigenen (Lebens-)Expert*innen.
- Bewältigungsformen sind individuell und sehr verschieden.
- Begegnungen finden auf Augenhöhe statt.
- Unterschiedlichen Lebenswirklichkeiten sind Anerkennung und Wertschätzung entgegenzubringen.
- Es sollen keine Abhängigkeiten erzeugt werden.
- Ohne Transparenz und Offenheit im Miteinander geht es nicht.
- Machstrukturen sind aufzuzeigen und zu thematisieren.

2.5 Fallbeispiel und Übungsaufgabe

Ohne den persönlichen Kontakt ist die Soziale Arbeit schwer vorstellbar – unabhängig davon, ob es sich um kurz- oder langfristige Arbeitsbündnisse handelt. Das Herstellen einer vertrauensvollen Beziehung ist sowohl beim Erstkontakt als auch bei weiteren Interventionen der Schlüssel zum Erfolg. Es kommt also nicht nur auf die »richtige Chemie« zwischen Sozialarbeitenden und Adressat*innen an oder darauf, auf der gleichen Wellenlänge zu sein.

Bereits von Berufseinsteiger*innen wird erwartet, dass sie in der Lage sind, ein positives, professionelles Arbeitsbündnis einzugehen. Um Adressat*innen bei der Erweiterung von Handlungsoptionen sowie bei der Eröffnung und dem Zugänglich-Machen neuer (Handlungs-)Möglichkeiten zu unterstützen, besteht im Studium in der Regel viel Raum und Zeit, damit die unterschiedlichen Handlungsformen im Sinne von Beraten, Verhandeln, Intervenieren, Vertreten,

Beschaffen und Begleiten/Betreuen geübt werden können (vgl. Lüssi 1995). Grundlage hierfür stellt die Beziehungsarbeit dar, weshalb sie voreilig als Selbstverständlichkeit aufgefasst werden kann. Denn obwohl professionell Helfende in der Regel mehr oder weniger gut mit ihren Adressat*innen zusammenarbeiten, es ihnen also offenbar gelingt, eine tragfähige Arbeitsbeziehung herzustellen, wissen sie meist nicht, wie es dazu gekommen ist (vgl. Herwig-Lempp 2002, S. 39). Oftmals fehlen ausgewiesene Lernorte zur Erprobung von Beziehungskompetenz im Studium.

Denken Sie einmal an Ihre letzten praktischen Erfahrungen zurück, z. B. im Rahmen eines Praktikums oder eines Praxisprojektes.

- Wie sind Sie auf Ihre Adressat*innen zugegangen?
- Was haben Sie als hilfreich erlebt? Was war aus Ihrer Sicht eher hinderlich?

In den unterschiedlichen Handlungsfeldern der Sozialen Arbeit sind oft multiprofessionelle Teams vorzufinden. Sozialarbeitende arbeiten beispielsweise eng mit Ergotherapeut*innen, Erzieher*innen, Psycholog*innen usw. zusammen. Alle Parteien haben zwar unterschiedliche Arbeitsaufträge, arbeiten aber mit dem gleichen Personenkreis. Der Begriff »Beziehungsarbeit« kann dabei mit ganz unterschiedlichen Inhalten und Erwartungen gefüllt werden und es ist sinnvoll, sich hierüber im Team zu verständigen. Im Allgemeinen können psychosozial Helfende als Kommunikationsexpert*innen bezeichnet werden. Sie treten ständig mit Adressat*innen, Angehörigen, Teammitgliedern, Netzwerkpartner*innen und kooperierenden Einrichtungen in Kontakt und dadurch auch in Beziehung.

Dabei liegt diesem Arbeitsbuch die These zugrunde, dass Beziehungsarbeit als Methode der Sozialen Arbeit weniger »erarbeitet« werden kann. Es gibt kein Rezept, das ich auswendig lerne, um gelungen in Beziehungen gehen zu können. Vielmehr geht es um ein Einlassen auf die Beziehung und um das Herstellen geeigneter (Rahmen-)Bedingungen. Hintergrundwissen zu diesem Thema sollte so verinnerlicht sein, dass es flexibel in der jeweiligen Situation eingesetzt werden kann.

Fallbeispiel

Stellen Sie sich vor, Sie sind Sozialarbeiter*in in einer psychiatrischen Klinik. Sie haben mitbekommen, dass Frau K. (43 Jahre) gegen ihren Willen zu Ihnen eingewiesen wurde. Ihr Ehemann ist völlig aufgelöst. Er kommt zu Ihnen und berichtet, dass er gestern mit seiner Frau aufgrund von Kreislaufschwierigkeiten ins allgemeine Krankenhaus gefahren sei. Dort wurde sie mit einem Mal von zwei Pflegenden mitgenommen und in die Psychiatrie gefahren. Niemand habe bisher mit ihm geredet. Seine Frau sei völlig verzweifelt und vorher noch nie wegen psychischer Auffälligkeiten in Behandlung gewesen. Nun habe sie einen Beschluss. Herr K. fühlt sich ohnmächtig und bittet Sie um Hilfe.

 Sie haben in 15 Minuten ein Treffen mit Herrn K. verabredet und bereiten sich nun auf das Gespräch vor. Gehen Sie dabei bitte auf folgende Fragen ein:

- Wie werden Sie den Erstkontakt mit Herrn K. gestalten?
- Was ist Ihnen wichtig, Herrn K. zu vermitteln bzw. mit auf den Weg zu geben?
- Was unterscheidet Ihre Vorgehensweise als Profi von einem Laien?

Das Fallbeispiel verdeutlicht, dass professionelle Beziehungsarbeit kein kompensatorisches Angebot an Freund*innen oder Bekannte darstellt, sondern vielmehr die Basis für professionelle Soziale Arbeit ist.

Für eine professionelle Beziehungsgestaltung wird seitens der psychosozialen Helfer*innen, wie oben bereits erwähnt, nicht nur ein »gutes Fingerspitzen- oder Bauchgefühl« benötigt oder darauf geachtet, dass die Chemie zwischen den beiden Parteien oder ihren »Persönlichkeiten« stimmt, sondern vielmehr geht es darum, den fachlichen Anforderungen nachzukommen: Beziehungen nämlich so zu gestalten, dass sie empathisch, tragfähig, vertrauens- und verantwortungsvoll sowie verlässlich sind. Dieses schließt natürlich auch ein, Arbeitsbündnisse wieder zu verlassen, wenn sie nicht mehr notwendig erscheinen oder nur in geringerer Intensität gebraucht werden. Das Kennen und Anwenden-Können von Techniken des aktiven Zuhörens ist unerlässlich.

Im Falle von Herrn K. ist ein verstehender, empathischer Zugang ratsam. Es wird beim Erstkontakt vermutlich weniger um fachliche Inhalte gehen als vielmehr um die Entwicklung eines Verständnisses für seine Ängste, Nöte und Sorgen. Eine angenehme Gesprächsatmosphäre ohne Störungen ist zu empfehlen. Dazu gehört ebenfalls das Anbieten von Getränken. Um Herrn K. den Einstieg ins Gespräch zu erleichtern, ist zunächst die Vorstellung der eigenen Person sinnvoll (Ausbildung, Funktion, Sprechzeiten, Vorstellung der Institution sowie der Dienstleistungen etc.). Erst dann sollte es an die Abklärung des Kontextes gehen (zeitlicher Rahmen, Ziele, Erwartungen usw.). Sofern sich Herr K. dann eingeladen sieht, in die Selbstexploration zu kommen, ist ihm genügend Raum und Zeit zu geben. Am Ende des Gespräches macht das Zusammenfassen des Gespräches und ggf. der Ausblick auf weitere Kontakte Sinn.

> Während der Ablauf des Erstgespräches einer klaren Struktur folgt und dementsprechend lernbar ist, sind kommunikative Kompetenzen zur Gestaltung einer Beziehung unerlässlich.

Julia Tamm hat im Jahr 2015 eine Studie in Kooperation mit der Universität Siegen durchgeführt mit dem Ziel, zu klären, wie Adressat*innen mit einer psychiatrischen Diagnose die psychosoziale Hilfeform Ambulant Betreutes Wohnen erleben und welche Aspekte für sie besondere Bedeutung haben. Dafür hat sie mittels narrativer Interviews 20 Personen befragt. Besonders spannend sind an dieser Stelle zwei Interviewpassagen.

Die Interviewte Lulu erlebte den Erstkontakt mit der Leiterin des BeWo-Dienstes folgendermaßen:

> »[...] wahrscheinlich war ich aufgeregt. Das war total gut. Weil die auch sehr herzlich und sehr freundlich war. Und ähm ja, nicht so steif. Halt auch offen und locker. [...] Also total super nett. Die ähm, ja die war super. [...] ja doch, das war sehr nett. [...] Die war auch gut.« (Tamm 2015, S. 26)

Hier zeigt sich, dass Sympathie eine große Rolle beim Erstgespräch gespielt hat. Herzlichkeit, Offenheit und Lockerheit, also die persönlichen Eigenschaften der Sozialarbeiterin, sorgten bei Lulu für ein gutes Gefühl. Hingegen empfand die Interviewte Anna das Kennenlerngespräch als unangenehm:

> »Und ich fand den [sich vorstellenden Betreuer] ganz schrecklich [...]. Der war mir halt unsympathisch [...]. So, ich weiß auch nich'. Und dann hab ich aber ein bisschen später erfahren, dass das halt ein Mitarbeiter ist, aber

nicht der, der das da leitet […], weil […] das zweite oder dritte Treffen hat dann schon der Herr Nohl mit mir gemacht.« (Tamm 2015, S. 27)

Anna hat das Erstgespräch im Gegensatz zu Lulu eher als negativ wahrgenommen, weil ihr der Mitarbeiter unsympathisch war. Auf die Gründe hierfür kommt sie nicht näher zu sprechen. Anna zeigte sich freudig über die Entwicklung, dass dieser Mann nicht ihr Bezugsbetreuer wurde.

Anhand dieser Interviewausschnitte wird deutlich, wie wichtig bereits das erste Treffen für die weitere Beziehungsgestaltung ist. Ebenfalls zeigt sich, dass ein Einlassen auf die Beziehung immer von beiden Interaktionspartner*innen benötigt wird. Denn in Beziehungen begegnen sich mindestens zwei Subjekte mit ihren bewussten und unbewussten Anteilen, mit ihren Projektionen, Widersprüchen, Normvorstellungen, Abwehrmechanismen und der Angst davor, infrage gestellt zu werden.

Obwohl sich professionelle Beziehungen und freundschaftliche Beziehungen auf den ersten Blick ähneln, lassen sich schnell Unterschiede feststellen. Zunächst liegt professionellen Arbeitsbeziehungen ein Vertrag bzw. ein Hilfeplan zugrunde. Beispielsweise findet vor Aufnahme in das Ambulant Betreute Wohnen ein Hilfeplangespräch statt. Hier werden Ziele und Umfang festgelegt, die die gemeinsame Arbeitsgrundlage darstellen. Er bildet somit den äußeren (Schutz-)Rahmen. Daneben gibt es bei Arbeitsbeziehungen immer einen Auftraggeber (wie das Jugendamt, der Sozialpsychiatrischer Dienst, Eltern, Jugendliche etc.) sowie formale Regelungen. Hierunter fällt, dass Sozialarbeitenden und Adressat*innen ein begrenztes Zeitkontingent zur Verfügung steht mit einem klar festgelegten Beginn und Ende. Weiterhin werden professionell Helfende für ihre Tätigkeit bezahlt. Sie sind Anbieter*innen einer Dienstleistung und haben sich an Absprachen und Rahmenbedingungen, wie gesetzliche Grundlagen, Vorgaben des Arbeitsgebers etc., sowie an inhaltliche Strukturbestimmungen zu halten.

2.6 Auf einen Blick

Weil Soziale Arbeit in sich inter- und transdisziplinär angelegt ist, kann sie nur unter Bezugnahme auf ihre Bezugswissenschaften eine (Handlungs-)Wissenschaft darstellen. Dies wird im wissenschaftlichen Diskurs kaum noch bestritten. Anders sieht es bei ihrem Professionalisierungsgrad aus. Dieser steht oft noch zur Diskussion. Zur Professionalisierung der Sozialen Arbeit haben maßgeblich die in den 1960er-Jahren veränderten Zugänge zum Berufsfeld der karitativen Hilfe geführt. Was zuvor als Ausbildung angeboten wurde, entwickelte sich nun zum Studienfach »Soziale Arbeit«. Die praxisnahe Ausbildung zeigt sich bis heute darin, dass Soziale Arbeit überwiegend an Hochschulen studiert werden kann. Das Studium kann sowohl im Bachelor- (6 bis 8 Semester – abhängig von der Hochschule) als auch im Masterstudiengang (4 Semester) belegt werden. Das Promotionsrecht liegt weiterhin zum Großteil bei Universitäten.

Wie die Profession selbst haben sich auch das Studium und die Studierenden im Laufe der Jahrzehnte verändert. Strickende Ökos, Birkenstock tragende Teetrinker*innen, selbstlose Weltverbesser*innen sind für die heutige Generation von Student*innen ein längst überholtes Klischee. Dazu beigetragen hat maßgeblich der neue Aktivierungskurs des Staates. Sozialpolitische und gesellschaftliche Wandlungsprozesse haben längst die Praxis der Sozialen Arbeit erreicht. Die Auswirkungen bringen vielfältige Chancen und Risiken mit sich. Neue Problemfelder sind für die Soziale Arbeit entstanden. Heute kümmert sie sich nicht nur um Menschen in Notsituationen, vielmehr treffen Praktiker*innen auf Personen jeglicher Lebensmilieus in verschiedensten Problemlagen. Armut, Grundsicherung, Bildung, Ernährung, Gesundheit/Krankheit, psychosoziale Problemlagen, Wohnungslosigkeit, Drogen und Sucht sind nur einige »Baustellen«, um die sich Sozialarbeitende kümmern. Durch die aktivierende Sozialstaatlichkeit verändert sich auch die Perspektive auf Nutzer*innen psychosozialer Angebote.

Diese Entwicklungen müssen bedacht werden, wenn es um den Beziehungsaufbau zwischen Sozialarbeiter*in und Adressat*in geht. Denn hierbei handelt es sich nicht um eine freundschaftliche Beziehung, sondern um ein Arbeitsbündnis, das bewusst zu gestalten ist.

3 Sozial kompetent in die Praxis starten

Wer als Sozialarbeiter*in tätig ist, benötigt spezielle berufsbedingte Kompetenzen – gerade auch im Hinblick auf gesellschaftliche Veränderungsprozesse. Schaut man sich einmal das sozialarbeiterische Berufsbild an, wird man schnell an die ironische Metapher der eierlegenden Wollmilchsau erinnert.

Auf den Internetseiten der Bundesagentur für Arbeit (2019) befindet sich folgende Beschreibung: Sozialarbeiter*innen beschäftigen sich mit der Prävention, der Lösung und der Beseitigung von Problemstellungen im sozialen Bereich. Aufgabe ist es, einzelnen Personen, Personengruppen oder Familien in belastenden Situationen beratend und betreuend zur Seite zu stehen. Daneben fallen weiterhin organisatorische, verwaltende und planerische Arbeiten, wie Dokumentation, das Erarbeiten von Konzepten, das Planen von sozialen Angeboten usw., an. Aber auch die Netzwerkarbeit und die Öffentlichkeitsarbeit sind wesentliche Aufgabe von Sozialarbeiter*innen.

Ein Blick in die Stellenausschreibungen aktueller Tageszeitungen liefert weitere Hinweise, was heute von Sozialarbeitenden im Praxisfeld verlangt wird. Neben Grundkenntnissen für die jeweilige Zielgruppe in den unterschiedlichen Bereichen werden oft verschiedenste Methoden und Techniken genannt. Ein besonderer Wert wird auf die personalen und sozialen Fähigkeiten gelegt. Eigenschaften wie Flexibilität, Kommunikationsfähigkeit, Lernbereitschaft, selbstständiges Arbeiten, Teamfähigkeit finden sich ebenfalls immer wieder. Auffällig ist, dass nur selten explizit auf Beziehungsfähigkeit und eine professionelle Beziehungsgestaltung hingewiesen wird. Bevor es nun an die inhaltliche Auseinandersetzung geht, zunächst eine Übungsaufgabe.

Stellen Sie sich vor, dass Sie am Ende Ihres Studiums stehen. Am Schwarzen Brett Ihrer Hochschule sehen Sie folgende Stellenausschreibung:

Wir suchen Sie zur Verstärkung unseres Teams!

Der Verein für Geflüchtete e. V. in B. sucht zum nächstmöglichen Zeitpunkt eine*n Mitarbeiter*in mit einem B. A.-Abschluss in Sozialer Arbeit.

Unser Verein ist gemeinnützig und unterstützt seit 2016 geflüchtete Menschen sowie Migrant*innen bei allen Fragen des Alltags.

Wir bieten einen unbefristeten Arbeitsplatz in Vollzeit und erwarten:

- Erfahrung im genannten Bereich
- Beratungskompetenz
- Zusammenarbeit mit Netzwerkpartner*innen/ Kooperationspartner*innen/Ehrenamtlichen
- Organisationsgeschick
- Kreativität zur Förderung der Integration und des interkulturellen Austausches
- selbstständiges, eigenverantwortliches Handeln

Wir freuen uns über Ihre elektronische Bewerbung:
bewerbung.hilfe-fuer-gefluechtete@xyz.de

Vergütung: Orientierung am TVöD-SuE
Ansprechpartnerin: Maxime Musterfrau

 **Aufgabe**

Nachdem Sie Ihre Bewerbung abgeschickt haben, werden Sie zeitnah zum Bewerbungsgespräch eingeladen. Nach einer kurzen Vorstellungsrunde, in der Sie auch Ihre Motivation für den Beruf schildern, stellt Ihnen Frau Musterfrau folgende Fragen:

- Welche Fähig- und Fertigkeiten bringen Sie für dieses Arbeitsfeld mit?
- Wo liegen Ihre Stärken?
- Was glauben Sie, unterscheidet Sie von den anderen Bewerber*innen?

Nach Beantwortung der Fragen clustern Sie diese bitte und ordnen ihnen Oberbegriffe zu.

Im weiteren Verlauf dieses Buches werden Sie ähnliche oder andere Oberbegriffe für Ihre genannten Fähig- und Fertigkeiten kennenlernen und sich selbst verorten können.

3.1 Handlungskompetenzen in der Sozialen Arbeit

Um kompetent in der Sozialen Arbeit handeln zu können, bedarf es eines Bündels von Fähig- und Fertigkeiten, damit die unterschiedlichsten Problemlagen gelungen bearbeitet werden können. Häufig werden dafür die Begriffe Handlungs- und Schlüsselkompetenz synonym gebraucht.

Eine erste Annährung, was unter Schlüsselkompetenzen zu verstehen ist, gibt Franz E. Weinert (2001, S. 27). So liegen Schlüsselkompetenzen dann vor, wenn »[...] kognitive Fähigkeiten und Fertigkeiten, um bestimmte Probleme zu lösen, sowie die damit verbundenen [...] Bereitschaften und Fähigkeiten, um die Problemlösungen in variablen Situationen erfolgreich und verantwortungsvoll nutzen zu können«, vorhanden sind. Hierbei handelt es sich um Wissensbestände, Fähig- und Fertigkeiten, die nicht für die Ausübung spezieller Tätigkeiten erforderlich sind.

Im Unterschied dazu wird unter professioneller Handlungskompetenz in der modernen Sozialen Arbeit die Befähigung der Mitarbeiter*innen in sozialen Einrichtungen zur Multiperspektivität und zur eigenen bzw. konzeptionellen Entwicklungsfähigkeit verstanden (vgl. Maykus 2017).

Friedrich Maus, Wilfried Nodes und Dieter Röh (2013, S. 12) gehen noch einen Schritt weiter. Sie sprechen von sozialarbeiterischer Kompetenz und verstehen diese ebenfalls als Handlungskompetenz. Sie zeige sich darin, unterschiedliche Fähig- und Fertigkeiten im Hilfeprozess zu professioneller Hilfe verknüpfen zu können. Was dieses nun konkret bedeutet, wird spätestens seit der Bologna-Reform vielfach diskutiert (vgl. Fachbereichstag Soziale Arbeit 2016). In diesem Zusammenhang wurde das Ziel angestrebt, auf nationaler und europäischer Ebene Qualifikationsrahmen, zwecks internationaler Vergleichbarkeit von Studiengängen, zu entwickeln. Für die Disziplin Soziale Arbeit wurde ein entsprechender Qualifikationsrahmen entwickelt und vom Fachbereichstag Soziale Arbeit verabschiedet. Er liegt in der Fassung 6.0 (2016) vor. Hierin wird

»kompetentes Handeln in der Sozialen Arbeit [verstanden] als Fähigkeit zu angemessener Situations- und kritischer Selbstwahrnehmung, zur Reflexion des eigenen Standpunktes auch aus der Perspektive von anderen und zur innovativen Bewältigung von Herausforderungen und Krisensituationen der zu beratenden, zu betreuenden und/oder zu begleitenden Menschen« (Qualifikationsrahmen Soziale Arbeit des Fachbereichstags Soziale Arbeit 2016, S. 16).

In Bezug auf das Studium der Sozialen Arbeit bedeutet Kompetenzorientierung, dass sich Schlüsselkompetenzen angeeignet werden und nach Abschluss anwendbar sind, um professionell handeln zu können. Im Masterstudiengang werden diese dann noch weiterentwickelt. Welchen Stellenwert dabei die Beziehungsarbeit einnimmt, ist nicht klar. Nachfolgend findet deshalb eine Auseinandersetzung mit unterschiedlichen theoretischen Konzepten, die sich mit sozialarbeiterischen Kompetenzen beschäftigen, statt mit dem Ziel, wesentliche Erkenntnisse für die professionelle Beziehungsgestaltung zu generieren.

3.1.1 Orientierungsrahmen für Handlungskompetenz

Professionelle Handlungskompetenz verlangt nach Hiltrud von Spiegel (2001) ein Zusammenwirken von *Wissen, Können* und *Haltung*. Hierzu entwirft die Autorin einen Orientierungsrahmen, der arbeitsfeldübergreifende Anforderungen darstellt. Dabei unterscheidet sie zwischen der Fall- und der Managementebene, wobei nachfolgend der Fokus auf der Fallebene im Hinblick auf die professionelle Beziehungsarbeit liegt. Hier wird bestimmt, welche Fähigkeiten Sozialarbeitende benötigen, um ihre Person als Werkzeug – im Sinne von Kopf-Hand-Herz – einsetzen zu können.

Wissen

Bezogen auf das Fachwissen, über das psychosozial Helfende verfügen sollten, wird unterschieden zwischen Beobachtungs- und Beschreibungswissen, Erklärungs- und Begründungswissen, Wertewissen sowie Handlungs- und Interventionswissen. Damit wird Wissen auf die zu erfüllenden Funktionen bezogen. Mit Beobachtungs- und Beschreibungswissen ist die strukturierte Informationssammlung über eine aktuelle Situation oder ein Problem gemeint. Dafür werden Begriffe und Raster zur Verfügung gestellt, die bei der Überwindung der Begrenzung der eigenen Perspektive helfen sollen. Eine Defizitorientierung soll durch die Suche nach Ressourcen und Ausnahmesituation in der Lebensgeschichte überwunden werden und so die Sicht auf Entwicklungspotenziale enthüllen. Erklärungs- und Begründungswissen beziehen sich auf wissenschaftliches Wissen, das zur Erklärung von Zusammenhängen und zur Begründung von Handlungen eingesetzt wird. Das Wertewissen nimmt auf normative Postulate Bezug, z. B. wie die Beziehung zwischen Sozialarbeitenden und Adressat*in auszusehen hat. Diese wertebasierten Vorstellungen begründen also Verhaltensleitlinien, wie sie beispielsweise in den berufsethischen Prinzipien des Deutschen Berufsverbands für Soziale Arbeit (DBSH) zu finden sind. Das Interventionswissen umfasst die Handlungskonzepte, in denen wiederum die oben genannten Wissensbestände genutzt werden. Die erfolgreiche Umsetzung wurde dokumentiert und reflektiert (vgl. von Spiegel 2004). Dies entspricht zugleich dem, was oft als strategisches Wissen bezeichnet wird. Es bedarf sowohl Faktenwissen als auch Wissen über die Anwendung.

Für Sozialarbeitende bedeutet dies, dass es sich bei Wissensbeständen um eine Komponente für ihr professionelles Selbstverständnis handelt. So hängt die Bereitschaft, selbst aktiv zu werden, von ihren grundlegenden Einstellungen, ihren Werten und Zielvorstellungen ab, indem sie nämlich eine Vorstellung von der Aufgabenbearbeitung/-bewältigung auf Basis ihres Wissens, ihrer Haltung und persönlichen Überzeugungen entwickeln. Dabei ist gleichzeitig das sogenannte Professionswissen handlungsleitend, das in der Praxis angeeignet wird. Schlussendlich zeigt sich aber der Fundus des abrufbaren Wissens, das in konkreten Situationen genutzt wird, nur im »Können«.

Können

Was sollte nun eine psychosozial helfende Person können? Zunächst sind hier die Fähigkeiten zum kommunikativen Handeln zu nennen. Sie bilden die Grundlage der Arbeit. Dabei geht von Spiegel (2013, S. 91 ff.) explizit auf die Fähigkeit zum Aufbau einer tragfähigen Beziehung ein. Hierbei seien Beziehungen als Medium für die Arbeit mit Adressat*innen und ihrem Umfeld zu verstehen. Sie seien adressat*innen- und zweckorientiert und können sich von eigenen Befindlichkeiten distanzieren.

Weil Menschen aufgrund eines bestimmten Nutzens für sich Beziehungen eingehen, sollten psychosozial Helfende bewusst überlegen, wie und mit welcher Botschaft sie die Kontaktaufnahme gestalten. Daneben müssen sie über die Fähigkeit zur Gestaltung von Kommunikationssituationen verfügen. Hier ist vor allem das Einlassen auf die Sprache ihrer Arbeitspartner*innen wichtig. Neben der Fähigkeit zum Verhandeln über die Aufgabenbearbeitung und die Zielfestlegung ist die Fähigkeit zum dialogischen Handeln zentral. Damit ist gemeint, dass sich Sozialarbeitende in die Lebenswelt ihrer Adressat*innen versetzen können. Folglich sollten sie sich in die Sichtweise der Beteiligten versetzen können, um aus ihrer Sicht das Anliegen zu verstehen. Daneben sollte die

Fähigkeit zur Vermittlung zwischen den an einem Fall beteiligten Akteur*innen und zur interdisziplinären Zusammenarbeit gegeben sein.

Um die eigene »Person als Werkzeug« einsetzen zu können, müssen sich Sozialarbeitende selbst, ihre Fähigkeiten und Wirkungen einschätzen können. Von Spiegel (2013, S. 88ff.) hebt vor allem die Einzelkompetenzen Empathiefähigkeit, Ambiguitätstoleranz sowie die Fähigkeit zum Rollenhandeln, zur Selbstbeobachtung und Selbstreflexion hervor. Daneben sollten Praktiker*innen über Grundoperationen des methodischen Handelns verfügen. Das bezieht sich nicht nur auf die Fähigkeiten zum methodischen Handeln und zum Zusammenführen von Wissensbeständen, sondern auch auf ein hermeneutisches Fallverstehen. Damit ist gemeint, dass psychosozial Helfende Problemzusammenhänge gemeinsam mit ihren Adressat*innen rekonstruieren und deuten können.

Haltung

Neben den Kompetenzen in den Dimensionen *Wissen* und *Können* vertieft von Spiegel (2013, S. 88ff.) den Bereich der beruflichen Haltung. Um zu einer professionellen Haltung zu gelangen, ist zunächst die Reflexion individueller Berufswahlmotive von Bedeutung.

Überlegen Sie, was Ihre Motivation für das Studium der Sozialen Arbeit ist bzw. war:

- Fühlen Sie sich zu diesem Beruf *berufen?*
- Haben Sie Vorbilder?
- Möchten Sie Ihre eigene Lebensgeschichte bearbeiten?
- Oder haben Sie das Studium eher aus anderen Gründen wie Verlegenheit, Mangel an Alternativen, altruistischen Motiven, Wohnortnähe der Hochschule ergriffen?

Neben der Beantwortung dieser Fragen ist die Reflexion eigener Wertestandards elementar. Sozialarbeitende müssen in der Lage sein, zu verstehen, dass sie nicht das »Maß aller Dinge« sind. So unterschiedlich wie die Menschen sind, sind auch ihre Lebensentwürfe und Verhaltensweisen. Hier gilt es, sich zu sensibilisieren und Abweichungen zu tolerieren. Daneben sind die Reflexion von Schuldzuschreibungen und die Einübung professioneller Distanz wichtig. Denn eigene emotionale Verstrickungen können schnell zu einer unangemessenen Bearbeitung der Situation führen. Ebenfalls verfügt die Profession Soziale Arbeit über eigene Wertestandards. Hier zählen u. a. die Achtung der Autonomie der

Adressat*innen, eine anerkennende Wertschätzung sowie die Orientierung an Ressourcen. Diesbezüglich hat der DBSH eine sehr ausführliche Beschreibung veröffentlicht. Die »Berufsethik des DBSH« (2014) ist unter folgendem Link zu finden: https://www.dbsh.de/fileadmin/redaktionell/pdf/Sozialpolitik/DBSH-Berufsethik-2015-02-08.pdf

Letztendlich sollte selbstverständlich die Reflexion der eigenen beruflichen Haltung zu den Kompetenzen von Sozialarbeitenden gehören.

3.1.2 Kompetenzmodell bereichsbezogener und prozessbezogener Kompetenzmuster

Maja Heiner (2018, S. 12 ff.) hat ein eigenes Kompetenzmodell für die Soziale Arbeit entworfen. Dabei geht das Handlungskompetenzmodell von bereichsbezogenen und prozessbezogenen Kompetenzmustern aus.

Bereichsbezogene Kompetenzmuster

Weil die Soziale Arbeit sowohl die Verbesserung der Lebensbewältigung als auch die Kooperation zwischen Adressat*innen und Leistungsträger als Aufgabe hat, unterscheidet Heiner bei den bereichsbezogenen Kompetenzmustern zwischen *Fallkompetenz* und *Systemkompetenz*. Während sich die Fallkompetenz auf die direkte Arbeit mit den Adressat*innen bezieht, meint der Begriff »Systemkompetenz« die Fähigkeit der indirekten Arbeit am Fall, z. B. die Vernetzung mit dem Bildungssystem, der Justiz usw., damit die jeweilige Zielgruppe ihre Rechte durchsetzen und ihr zustehende Leistungen erschließen kann. Ebenfalls zählt das Aufzeigen von Versorgungsengpässen mit zu dieser Dimension.

Dabei kommt ebenso der eigenen Person der Fachkraft eine zentrale Bedeutung zu. Sie muss sich und ihre Stärken sowie Schwächen kennen und reflektieren können, um Selbstkompetenz zu entwickeln.

Kurz gesagt benötigen Sozialarbeitende sowohl Wissen und Können in der Arbeit mit Adressat*innen und Kooperationspartner*innen als auch im Hinblick auf ihre eigene Person.

Fallkompetenz bezieht sich auf die Arbeit mit Adressat*innen (Probleme und Ressourcen der betreffenden Personen im Kontext des sozialen und institutionellen Umfeldes).

Systemkompetenz bezieht sich auf die eigene wie auf andere Institutionen (eigenes Konzept und Angebot, Zusammenarbeit mit Organisationen des Gesundheits-, Bildungs-, Rechts-, Sozial- und Wirtschaftssystems).

> Selbstkompetenz bezieht sich auf die Person der Fachkraft (Werte- und Normenvorstellungen, Haltung, Motivation usw.).

Prozessbezogene Kompetenzmuster

Hingegen fokussieren die prozessbezogenen Kompetenzmuster das problemlösende Handeln. Im Mittelpunkt steht hier die Kommunikations-/Interaktionskompetenz, welche Grundlage für die beiden weiteren Kompetenzmuster in Form von Analyse-/Planungskompetenz sowie Reflexions-/Evaluationskompetenz ist.

Diese drei Kompetenzmuster stehen in einer zeitlichen Abfolge, bei denen zwar kein Punkt übersprungen werden kann, eine Rückkehr zu einem früheren Schritt aber jederzeit möglich ist. Heiner (2018, S. 15ff.) betont, dass der Gesamtprozess ein zirkuläres Unterfangen ist. Jede Intervention fußt auf drei prozessbezogenen Dimensionen. Zur Verdeutlichung finden sich nachfolgend Beispiele für Kompetenzen, die zur Problemlösung genutzt werden können:

- Die Interaktions- und Kommunikationskompetenz bezieht sich auf die Teilkompetenzen wie Wahrnehmungs-, Einfühlungs- und Deutungskompetenz in den Anwendungsbereichen Information, Beratung, Alltagsbegleitung u. a.
- Die Analyse- und Planungskompetenz bezieht sich z. B. auf die Teilkompetenzen Beobachtungs-, Erklärungs- und Prognosekompetenz in den Anwendungsbereichen Diagnostik, Fall- und Situationsanalyse, Hilfeplanung etc.
- Die Reflexions- und Evaluationskompetenz bezieht sich auf Teilkompetenzen wie Dokumentations- und Interpretationskompetenz in den Anwendungsbereichen Entwicklungsdokumentation, Fallreflexion und Selbstreflexion usw.

Alle bereichsbezogenen sowie prozessbezogenen Kompetenzmuster bedürfen einer aufeinander abgestimmten Kombination für erfolgreiches Handeln. Natürlich kann der Schwerpunkt im Hilfeprozess immer wieder in einer bestimmten Phase oder bei bestimmten Aufgaben verändert werden, beispielsweise wird bei krisenhaften Situationen die Reflexions- und Evaluationskompetenz im Vordergrund stehen. Heiner verweist darauf, dass für dieses Modell ein bestimmter Fundus an Wissen und eingeübten Fertigkeiten nicht ausreichend ist. Deshalb sei die Fähigkeit zur kontextspezifischen Variation elementar. Denn nur so kann auf eine bestimmte Person, einen Stadtteil, eine Gruppe oder eine Organisation mit ihren Bedürfnissen und Ressourcen in ihrer Einzigartigkeit eingegangen werden.

 Überlegen Sie zunächst: Wo sehen Sie die Vor- und Nachteile des Kompetenzmodells von Maja Heiner?
Machen Sie dann eine Gegenüberstellung:
- Welche Kompetenzen haben Sie sich bereits im Verlauf Ihres Studiums aneignen können?
- Wo sehen Sie noch Lücken, die gefüllt werden müssen, um möglichst gut auf die Praxis vorbereitet zu sein?
- Wie werden Sie versuchen, diese zu schließen?

Während es sich bei den hier vorgestellten Modellen um allgemeingültige Kompetenzmodelle für die Soziale Arbeit handelt, hat der DBSH die für erfolgreiches Handeln notwendigen Schlüsselkompetenzen modularartig aufgebaut.

3.1.3 Schlüsselkompetenzen der Sozialen Arbeit

Der Deutsche Berufsverband für Soziale Arbeit e. V. (DBSH) (s. Maus/Nodes/Röh 2013) hat mit seinem Werk »Schlüsselkompetenzen der Sozialen Arbeit« ein Standardwerk herausgebracht, bei dem präzise beschrieben wird, was Sozialarbeitende nach ihrem Studium können sollten. Entsprechend kann das Buch auch als Anregung zur Gestaltung der Ausbildungsinhalte genutzt werden. Dabei ist wichtig, zu wissen, dass es nicht nur um das Können einzelner Kompetenzen geht. Vielmehr besteht die Herausforderung darin, diese Kompetenzen miteinander im Hilfeprozess zu verknüpfen. Insgesamt werden neun Kompetenzmodule herausgearbeitet:

Strategische Kompetenz

Mit strategischer Kompetenz in der Sozialen Arbeit ist die Fähigkeit gemeint, geplant und gezielt zu handeln und das unter Einbeziehung sozialarbeiterischen Wissens und Könnens sowie der Ressourcen der Adressat*innen und unter Berücksichtigung ihrer unterschiedlichen Interessen. Dadurch wird das Handeln auch nach außen nachvollziehbar.

Strategisches Handeln bedeutet, systematisch und gezielt zu handeln, unter Nutzung der vorhandenen Rechte und Strukturen als Mitarbeiter*in einer Einrichtung. Dabei messen Sozialarbeitende ihr berufliches Handeln an festgelegten Zielen und können Erfolge nachweisen. Somit fällt hierunter die Fähigkeit zur interdisziplinären Arbeit, sodass psychosozial Helfende Wissen und Methoden der Bezugswissenschaften im Hilfeprozess den Adressat*innen zur Verfügung stellen können (vgl. Maus/Nodes/Röh 2013).

Methodenkompetenz

Methodenkompetenz setzt die Fähigkeit voraus, planmäßig und reflektiert zu handeln und Verfahren bzw. Vorgehensweisen der Sozialen Arbeit kennen und anwenden zu können. Dazu zählt auch das selbstreflektierte Handeln. Diese Methoden umfassen eine Vielzahl von »Techniken« auf der Grundlage verschiedenster sozialarbeiterischer Konzepte.

Anzumerken ist, dass der Methodenbegriff in der Sozialen Arbeit schwammig ist. Während ursprünglich mit Methoden die drei Klassiker Einzelfallhilfe, soziale Gruppenarbeit und Gemeinwesenarbeit gemeint waren, weichen die Grenzen immer weiter auf, so beispielsweise der Netzwerkgedanke beim Casemanagement. Gegenwärtig wird zunehmend von Arbeitsformen gesprochen, innerhalb derer wiederum spezifische Methoden und Interventionstechniken zur Anwendung kommen können. Unabhängig von der Bezeichnung müssen Sozialarbeitende über Interventionsformen und -techniken verfügen, um Adressat*innen bei der Bewältigung ihres Alltages unterstützend zur Seite stehen zu können.

Hier eine exemplarische Aufgliederung zum methodischen Handeln:
- Arbeitsfeld: Drogeneinrichtung
- Arbeitsform: Einzelhilfe
- Methode: Aufsuchende Straßensozialarbeit
- Technik: Beratungsangebote, z. B. lösungsorientierte Gesprächsführung

Sozialpädagogische Kompetenz

Der DBSH hat bewusst die sozialpädagogische Kompetenz in seinen Katalog mit aufgenommen, zwecks Verdeutlichung, dass sozialpädagogische Inhalte im Studium wieder an Bedeutung gewinnen müssen und nicht automatisch in den sozialarbeiterischen Kompetenzen integriert sind. Vielmehr geht es um ein Zusammenwachsen von Sozialarbeit und Sozialpädagogik. Bei dieser Kompetenz sind nicht nur die pädagogischen Wissens- und Handlungsgrundlagen für die Arbeit mit Kindern und Jugendlichen und die Theorien der Jugendhilfe wichtig, sondern dazu gehören auch die pädagogische Praxis der Jugendhilfe und der Jugendfürsorge, Methoden für die Elternarbeit und der Umgang mit Medien.

Sozialrechtliche Kompetenz

Weil Sozialarbeitende oftmals auf Adressat*innen in Multiproblemsituationen treffen, ergeben sich Beratungsgespräche zu Rechtstatbeständen fast von allein.

Beispielsweise müssen Sozialarbeiter*innen häufig die Ressourcen ausschöpfen, die das »Recht« für sie gewährt (z. B. Leistungen des SGB II, V, VIII, XII). So gründet sich allein schon die Ausübung der Profession in gesetzlichen Grundlagen. Dieses bezieht sich sowohl auf die Art und Weise (wie § 1906 BGB bei freiheitsentziehender Unterbringung) als auch auf die Finanzierung und Organisation der Arbeit. Rechtliche Bestimmungen gelten als Grundlage der eigenen Tätigkeit, z. B. Garantenpflicht, Schweigepflicht, Datenschutz, Zeugnisverweigerungsrecht, Arbeitsrecht usw.

Sozialadministrative Kompetenz

Sozialarbeitende haben oft mit der öffentlichen Verwaltung zu tun, weil diese in der Regel Leistungs- oder Kostenträger sind. Deshalb ist ein Verstehen des Sprachstils und des Handelns von Verwaltungen sowie der rechtlichen Grundlagen erforderlich. Darüber hinaus ist die Fähigkeit, die eigene Arbeit zu organisieren und administrativ in der eigenen Einrichtung handeln zu können, mit dieser Kompetenz gemeint.

Personale und kommunikative Kompetenzen

Soziale Arbeit ist immer auch von der Persönlichkeit des Sozialarbeitenden geprägt und wirkt sich stets auf die Kommunikation mit Adressat*innen aus. Unter personaler Kompetenz fassen Maus, Nodes und Röh (2013) die Fähigkeit der Arbeit mit und an der eigenen Person in Bezug auf die Interaktion mit anderen Menschen, hier insbesondere in Bezug auf die professionelle Tätigkeit als Sozialarbeiter*in. Beispiele hierfür sind die Fähigkeit zum Aufbau von Arbeitsbeziehungen, Empathie als Haltung und Methode zur Beziehungsgestaltung, Reflexionskompetenz, Erkennen eigener Grenzen usw.

Unter die kommunikative Kompetenz fallen das Können und Beachten von Regeln, welche mit der nonverbalen, verbalen und symbolischen Kommunikation einhergehen. Sie umfasst auch die Diskurs- und Diskussionsfähigkeit im fachlichen Zusammenhang, Respekt und Achtung anderer und deren Autonomie. Hierzu gehören u. a. die Fähigkeit, soziale Beziehungen leben zu können und Wissen über die Grundlagen der Kommunikationstheorien zu haben, sowie die Fähigkeit zum »guten« Streiten zu besitzen.

Obwohl jede Person von sich aus über Soft Skills verfügt, werden diese Fähigkeiten erst durch theoretisches Wissen, Erfahrungen im Handlungsfeld und Lebenserfahrung zu einer besonderen, d. h. professionellen und sozialarbeiterischen Kompetenz.

Professionsethische Kompetenz

Häufig werden sich Sozialarbeitende im Berufsalltag mit ethischen Fragestellungen auseinandersetzen müssen. Es wird um Themen wie Menschenwürde, Gerechtigkeit, das berufliche Rollenverständnis, Fragen nach dem »richtigen« Verhalten von Adressat*innen usw. gehen. Die Berufsethik setzt sich mit den sie leitenden Handlungsregeln für das professionelle Handeln, den grundlegenden Wertehaltungen und dem Wertekanon der Berufsgruppe und Verhaltensnormen, die für alle Fachkräfte der Profession gelten, auseinander. So hat der DBSH auf der Grundlage des »Code of Ethics« der International Federation of Social Workers (IFSW) berufsethische Prinzipien entworfen, die als Basis für die berufsethische Kompetenz angesehen werden können.

Sozialprofessionelle Beratungskompetenz

Diese Kompetenz stellt die Grundlage bzw. den Hintergrund für spezialisierte Beratungsformen dar. Laut DBSH handelt es sich hierbei um eine Kernaufgabe der Sozialen Arbeit und wird als eine typische, wertorientierte, theoretisch fundierte, eigenständige und somit an professionellen Prinzipien orientierte Praxis verstanden. Dabei wird sozialprofessionelle Beratung als Unterstützung bei der Alltagsbewältigung betrachtet. Sie stellt in der Regel keine isolierte Leistung dar, sondern ist in weitere Unterstützungsformen eingebunden.

Kompetenz zur Praxisforschung/Evaluation

Sozialarbeitsforschung gewinnt in jüngster Zeit zunehmend an Bedeutung. Dabei geht es weniger um eine auf die akademische Ausbildung von Sozialarbeiter*innen verstandene Grundlagenforschung als vielmehr um eine anwendungsorientierte Forschung, die das Praxisfeld im Fokus und damit als Gegenstand der Forschung hat. Dabei dient die Praxisforschung grundsätzlich zwei Zielen: Zum einen kann mit ihren Ergebnissen die Sozialarbeitswissenschaft fortgeschrieben werden. Zum anderen hat sie die Weiterentwicklung der Hilfepraxis zum Ziel. Im Unterschied zur Grundlagenforschung soll die anwendungsorientierte Forschung Erkenntnisse liefern, die bei konkreten Ereignissen im Praxisalltag herangezogen werden können. Was müssen Sozialarbeitende nun können? Neben der Festlegung des Explorationsfeldes sind das Forschungsinteresse/der Forschungsgegenstand sowie die einzusetzenden Forschungsmethoden eindeutig zu definieren.

3.2 Fallbeispiel und Übungsaufgabe

Zum Abschluss des Kapitels können Sie das nachfolgende Fallbeispiel aus dem Handlungsfeld Ambulant Betreutes Wohnen bearbeiten.

Fallbeispiel

Herr Z. ist 25 Jahre alt und kifft seit seiner Jugend regelmäßig. Vor zwei Jahren wurde bei ihm eine paranoide Schizophrenie diagnostiziert. Er lebt gemeinsam mit seiner Mutter und seiner Freundin in einem Haushalt. Hinzu kommen fünf Katzen. Die Wohnung ist in einem sehr verwahrlosten Zustand. Es türmt sich nicht nur der Abwasch, sondern auch der Müll. Aus diesem Grund hat der Vermieter nun die Kündigung ausgesprochen. Herr Z. ist verzweifelt. Aufgrund seiner Schufa-Einträge kann er sich kaum vorstellen, jemals wieder eine geeignete Wohnung zu finden. Das wirkt sich enorm auf seine psychische Befindlichkeit aus. Er wird seiner Freundin gegenüber zunehmend misstrauischer und verdächtigt sie des Fremdgehens. Es kommt zu heftigen, zum Teil auch körperlichen Auseinandersetzungen zwischen Herrn Z. und seiner Freundin. Infolgedessen kontrolliert er nicht nur ihr Handy, sondern verfolgt sie auch außerhalb der Wohnung. Als er seine Freundin mit einem anderen jungen Mann im Park sieht, rastet Herr Z. aus und schlägt auf den »Konkurrenten« ein. Es folgen sowohl eine Anzeige als auch der Auszug und die Trennung der Freundin.

Im Laufe der Wochen wird immer deutlicher, dass sich Herr Z. in einem Beziehungswahn befindet und regelrecht zum »Stalker« wird. Auflauern, Telefonterror sowie Verfolgungen muss seine Ex-Freundin aushalten. In ihrer Not hat sie sich bereits an die Polizei gewendet. Diese hat daraufhin Kontakt zu Herrn Z. aufgenommen. Wegen seiner psychischen Sensibilität wurde der Sozialpsychiatrische Dienst informiert, der nicht nur eine gesetzliche Betreuung, sondern auch das Ambulant Betreute Wohnen angeregt hat. Seine Mutter versteht die ganze Aufregung nicht und möchte einfach wieder ihre Ruhe haben.

Entscheiden Sie sich nun für eines der drei vorgestellten Modelle (3.1.1-3.1.3) und bearbeiten Sie das Fallbeispiel dahingehend, welche Kompetenzen zur Lösung des Falls von Bedeutung sind.

3.3 Auf einen Blick

Sowohl der Orientierungsrahmen als auch das Kompetenzmodell und die modulare Aufgliederung von Schlüsselkompetenzen zeigen, wie anspruchsvoll und vielfältig das Kompetenzprofil der Sozialen Arbeit ist. Hochschulen sind aufgefordert, ihre Ausbildung so zu gestalten, dass Studierende die genannten Kompetenzen erwerben können und so in der Lage sind, professionelle Soziale Arbeit zu leisten. Heiner (2004, S. 20 ff.) hat es auf den Punkt gebracht, nämlich indem sie zeigt, dass als professionell Sozialarbeitende*r gelten kann, wer über ein ressourcenorientiertes Klient*innenbild verfügt, welches von einem entwicklungsorientierten Kontrollkonzept begleitet wird. Dazu gehört das Bewusstsein der eigenen Berufsrolle zum professionellen Selbstverständnis. Die Bereitschaft, sich im Berufsalltag zu evaluieren und das eigene methodische Vorgehen sowie die Beziehungsgestaltung zu reflektieren, sind ebenfalls Merkmale für sozialarbeiterisches Handeln.

Neuere Professionsverständnisse fokussieren sich im Zuge sich wandelnder Rahmenbedingungen, Problemlagen und Handlungsgrundlagen weniger auf professionsspezifische Merkmalskataloge als vielmehr auf struktur- und handlungstheoretische Betrachtungen sozialarbeiterischen Handelns. Ausgangspunkt ist das professionelle Handeln selbst. Hier gewinnt die Reflexivität als Kompetenz an Bedeutung. Dewe und Otto (2012, S. 197 ff.) haben den Ansatz reflexiver Professionalität mit Fokus auf die Qualität des Handelns entwickelt. Im Hintergrund ihrer Auseinandersetzungen steht die Beziehungsgestaltung zu Adressat*innen. Sie verweisen auf das Erfordernis, die Partizipationsmöglichkeiten der »Bürger*innen« zu steigern.

Festzuhalten ist, dass den unterschiedlichen Ansätzen eines gemeinsam ist, nämlich der Bezug auf die Ebene der individuellen Persönlichkeit der Sozialarbeitenden oder, um es in den Worten von Hiltrud von Spiegel (2006) auszudrücken, die »Person als Werkzeug« zu begreifen.

Obwohl sich in sozialarbeiterischen Konzepten für methodisches Handeln Hinweise auf die Phase eines Beziehungsaufbaus finden lassen (u. a. Heiner 2004; von Spiegel 2013; Maus/Nodes/Röh 2013) bzw. Beziehungsarbeit als Komponente von Professionalität betrachtet wird, bleibt offen, welchen Stellenwert dieser Kompetenz in der Lehre zugedacht wird. Hier bietet sich an, auf bezugswissenschaftliche Grundlagen zurückzugreifen. Silke Birgitta Gahleitner (2017) hat aufgezeigt, dass die Soziale Arbeit auf einer Person-in-Environment-Perspektive fußt. Diese bietet eine erweiterte Sichtweise auf die Beziehungsgestaltung und ist angehalten, hierfür u. a. psychologische und bindungstheoretische Ergebnisse sowie pädagogische und soziologische Konzepte zusammenzutragen und nutzbar zu machen. Damit geht sie über psychologische Perspektiven hinaus, die zeigen, dass Beziehungsarbeit im psychotherapeutischen Bereich als zentraler Wirkfaktor für den Erfolg der Therapie angesehen werden kann.

Dies steht im Gegensatz zur Sozialen Arbeit. Hier finden sich nur ab und zu Hinweise auf die Beziehungsarbeit. Aus diesem Grund findet im nächsten Kapitel eine Auseinandersetzung mit der therapeutischen Beziehung statt, um darauf aufbauend Ideen für die sozialarbeiterische Beziehungsgestaltung zu entwickeln.

4 Therapeutische Beziehungsgestaltung

Für eine professionelle Beziehungsgestaltung wird seitens der psychosozialen Helfer*innen nicht nur ein »gutes Fingerspitzen- oder Bauchgefühl« benötigt oder darauf geachtet, dass die Chemie zwischen den beiden Parteien oder ihrer »Persönlichkeit« stimmt. Vielmehr geht es darum, den fachlichen Anforderungen nachzukommen: Beziehungen so zu gestalten, dass sie empathisch, tragfähig, vertrauens- und verantwortungsvoll sowie verlässlich sind. Dies schließt natürlich auch ein, Arbeitsbündnisse wieder zu verlassen, wenn sie nicht mehr notwendig erscheinen oder nur in geringerer Intensität gebraucht werden. So zeigen die Ergebnisse der Psychotherapieforschung, dass der Erfolg einer Therapie von mehreren Faktoren abhängt. Neben extratherapeutischen Faktoren (wie Merkmale der Persönlichkeit der Patient*innen und des sozialen Netzwerkes) spielen Erwartungseffekte, spezifische Methoden und Techniken sowie allgemeine Faktoren eine zentrale Rolle. Michael Lambert und Dean Barley (2008, S. 109 ff.) haben ihre Forschungsergebnisse zusammengetragen und schätzen den Einfluss der Variablen, die auf den Therapieprozess wirken, folgendermaßen ein:

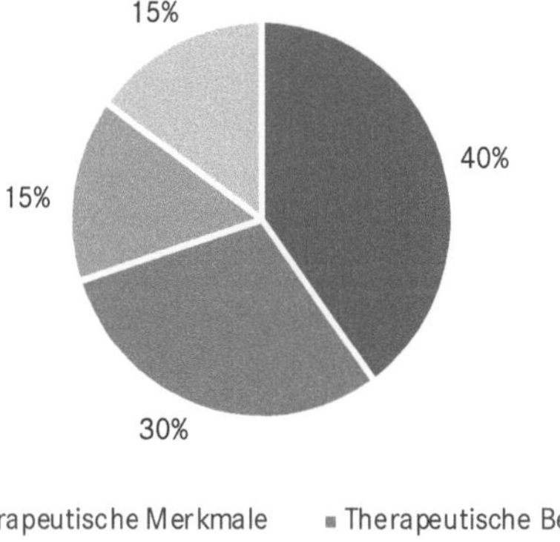

Abb. 1: Wirkfaktoren auf den Therapieprozess (in Anlehnung an Lambert/Barley 2008, S. 11)

Die therapeutische Beziehung kann demnach – mit 40 % – als zentrales Merkmal von Psychotherapien gesehen werden. So bauen Therapeut*innen mit guten interpersonellen Kompetenzen festere Arbeitsbündnisse auf und erzielen bessere Ergebnisse (vgl. Staats 2017, S. 11). Leider fehlen bisher evidente Nachweise für die sozialarbeiterische Arbeitsbeziehung. Deshalb werden hier zunächst therapeutische Konzepte beleuchtet, um daraus ableitend Ideen für die Soziale Arbeit zu entwickeln. Was ist nun eine therapeutische Beziehung? Hierzu erfolgen eine begriffliche Annährung und Abgrenzung zur freundschaftlichen Beziehung, um dann speziell auf die therapeutische Beziehung einzugehen.

4.1 Professionelle versus freundschaftliche Beziehung

Eine bekannte begriffliche Präzisierung, was unter Beziehungsarbeit überhaupt zu verstehen ist, liefern Jens B. Asendorpf und Rainer Banse (2000, S. 7). Ihnen zufolge zeichnen sich Beziehungen durch stabile und dyadentypische Interaktionsmuster aus. Jede Interaktion wird wiederum von der Erfahrung vorausgegangener und künftig zu erwartender Interaktionen geprägt. Unabhängig von professioneller oder persönlicher Beziehung begegnen sich hier stets zwei (oder mehr) Subjekte mit ihren bewussten und unbewussten Anteilen, mit ihren Projektionen, Ambivalenzen, Normbildungen, Abwehrgrenzen, der Angst vor Infragestellung und der Bereitschaft zum Risiko des Infrage-gestellt-Werdens (vgl. Bauriedel 1980, S. 12 ff.).

Überlegen Sie, wo die Gemeinsamkeiten und Unterschiede zwischen einer professionellen und einer freundschaftlichen Beziehung liegen!

Selbstverständlich gibt es immer wieder Überschneidungen zwischen einer persönlichen, freundschaftlichen und einer helfenden, professionellen Beziehung. Obwohl es möglich ist und auch häufig vorkommt, dass aus funktionalen Beziehungen auch freundschaftliche Beziehungen werden, sollte dies bei einer professionell gestalteten Arbeitsbeziehung ausgeschlossen sein. Denn die helfende Beziehung unterscheidet sich schon dahingehend von der persönlichen Beziehung, dass die helfende Person die Absicht hat, »[...] beim anderen Entfaltung, Entwicklung, Heranreifung, besseres Agieren, ein verbessertes Fertigwerden mit dem Leben zu fördern« (Rogers 1961/2004, S. 53). Im Rahmen eines Seminars zum Thema Beziehungsarbeit als Methode der Sozialen Arbeit haben Studierende der Hochschule Merseburg folgende Punkte herausgearbeitet:

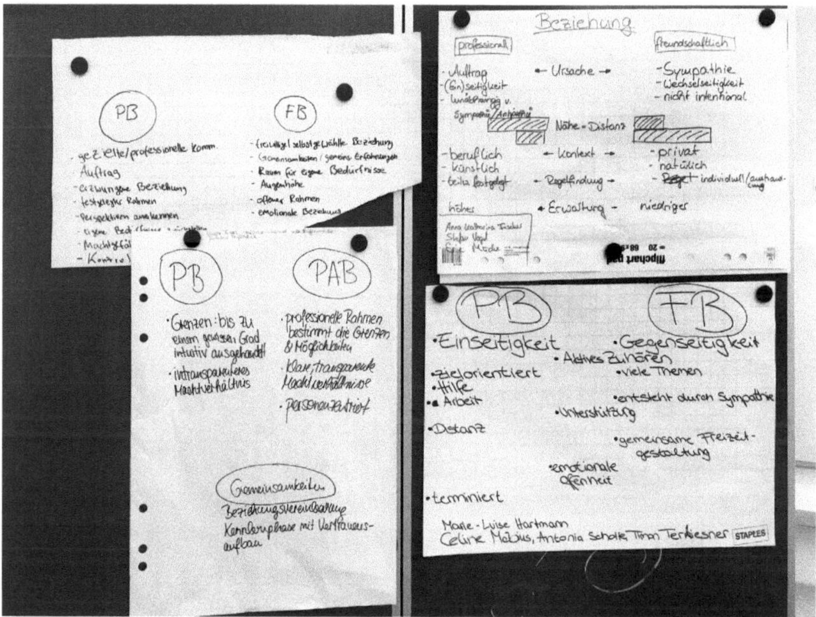

Abb. 2: Unterschiede und Gemeinsamkeiten von professionellen und freundschaftlichen Beziehungen

Ableiten lässt sich, dass methodisches sozialarbeiterisches Handeln auf kommunikativer Verständigung basiert mit dem Ziel, präventiv, kompensierend und korrigierend zu wirken (vgl. Widulle 2012, S. 27). So stellt die professionelle Beziehungsarbeit kein kompensatorisches Angebot an Freund*innen oder Bekannte dar, sondern ist vielmehr die Basis für professionelle Soziale Arbeit.

4.2 Die therapeutische Beziehung

Nach Jürgen H. Otto, Harald A. Euler und Heinz Mandl (2000, S. 11 ff.) wird unter therapeutischer Beziehung eine Beziehung zwischen Therapeut*in und Klient*in verstanden, die zu einem therapeutischen Zweck vom professionell Helfenden aktiv gestaltet wird und endet, wenn der Zweck erfüllt ist oder sich zeigt, dass er nicht erreicht werden kann. Daneben ist ihre Funktion ein wesentlicher Aspekt der Beziehungsgestaltung: So kann sie zum einen als Voraussetzung für therapeutisches Handeln gesehen werden, denn erst auf der Basis eines festen Arbeitsbündnisses können spezifische Interventionen zum Einsatz kommen. Zum anderen kann die therapeutische Beziehung selbst als zentraler Wirkfaktor betrachtet werden.

Dabei zeigen sich einige Spezifika. Zunächst ist die Beziehung zwischen Therapeut*in und Klient*in nur über Interaktionen erschließbar. Diese erstrecken sich über einen bestimmten Zeitraum. Auf beiden Seiten sind bestimmte Erwartungen erkennbar. Aus der Interaktion können sowohl Klient*innen als auch Therapeut*innen viel mitnehmen und voneinander lernen. Interaktionelle Ziele beider Partner*innen möchten ebenfalls befriedigt werden. Die Besonderheit der therapeutischen Beziehung liegt also darin, dass zu einem bestimmten Zweck eine Beziehung aufgebaut wird, um bestimmte Ziele des*der Klient*in zu erreichen. Daraus ergeben sich folgende Merkmale für die therapeutische Beziehung (vgl. Sachse 2016, S. 12):

- Die Beziehung ist auf bestimmte Ziele ausgelegt, d. h. beide Parteien haben bestimmte Erwartungen an das Gegenüber.
- Die Beziehung ist auf bestimmte Arten der Interaktion begrenzt, weil sie ausschließlich einem einzigen Zweck dient, nämlich die Probleme der betreffenden Person im besten Fall zu lösen.
- Es gelten gewisse Regeln, an denen der*die Therapeut*in ihre Interaktion ausrichtet.
- Die Beziehung umfasst eine gewisse festgelegte Zeitdauer.
- Die Beziehung ist asymmetrisch.
- Unterschiedliche Expertisen kennzeichnen die Beziehung.

Einfluss auf die therapeutische Beziehung haben immer beide Parteien. Der*Die Therapeut*in gestaltet das Arbeitsbündnis nach therapeutischen Regeln und geht dabei zielorientiert und geplant vor. Der*Die Klient*in hingegen beeinflusst ebenfalls die Beziehungsgestaltung durch unterschiedliche Elemente wie Erwartungen, Interaktionsmuster, Beziehungsmotive etc. Schulz (2011, S. 10) kommt zu dem Schluss, dass die tatsächliche Gestaltung der Beziehung »vom Störungsbild und vom individuellen Beziehungsangebot des Patienten, dem Stadium der Therapie und der jeweils spezifischen Situation« abhängt.

> Psychosozial Helfende haben einen großen Entscheidungs- und Handlungsspielraum. Wie die individuelle Beziehungsgestaltung im Einzelfall aussieht, ist von unterschiedlichen oben genannten Kontextfaktoren abhängig und benötigt Kreativität.

Ein Blick in die aktuelle Fachliteratur zeigt, dass sich die Prinzipien der Beziehungsgestaltung von Wissenschaftler*in zu Wissenschaftler*in leicht unterscheiden. Im Folgenden wird auf die Aspekte Empathie, Vertrauen, Authentizität, emotionale Wärme und Loyalität Bezug genommen.

Einen wesentlichen Faktor stellt das *empathische Verstehen* dar. Die wohl bekannteste Definition zur Empathie stammt von Carl R. Rogers (1961/2004). Seiner Auffassung nach besteht der Prozess der Empathie darin,

> »den inneren Bezugsrahmen eines anderen mit emotionalen Komponenten und den dazu gehörenden Bedeutungen genau wahrzunehmen, als ob man die andere Person sei, jedoch ohne jemals die ›als ob‹-Bedingung zu verlieren. Das bedeutet, den Schmerz oder die Freude eines anderen so zu fühlen, wie er sie fühlt, und deren Ursache so wahrzunehmen, wie er sie wahrnimmt, aber ohne jemals dieses Wissen zu verlieren, dass es so ist, als ob wir verletzt oder erfreut usw. seien« (Rogers 1961/2004, S. 210 ff.).

Hermann Staats (2017, S. 30) betont, dass der Begriff der *Einfühlung* einige Aspekte des für die therapeutische Beziehung wünschenswerten Handelns klarer erfasst, weil mit ihm auch das passive Geschehen-Lassen gemeint ist. So können beide Parteien Einfühlung ermöglichen oder sich ihr auch verschließen.

Daneben ist es wichtig, dass der*die Patient*in der*dem professionell Helfenden *Vertrauen* entgegenbringt. Dieses kann sich entwickeln, wenn ein Verstehen für die Situation des*der Patient*in vorhanden ist, die jeweiligen Probleme kein Neuland für den*die Therapeut*in sind und eine professionelle Fallanalyse erfolgt. Hierzu gehört auch ein *kongruentes und authentisches Verhalten*, das zur Beziehungsgestaltung dazugehört. In diesem Kontext sind vor allem auch auf die nonverbalen Signale wie Gestik und Mimik, aber auch Wortwahl und Tonlage zu achten.

Unter *emotionaler Wärme* wird das positive Gegenübertreten dem*der Klient*in gegenüber verstanden. Es geht nicht nur darum, eine positive Atmosphäre zu erzeugen, sondern auch dem*der Adressat*in wohlwollend und zugewandt zu begegnen. Nicht zu unterschätzen im Beziehungsgeschehen ist der *Loyalitätsaspekt*. Ein*e Therapeut*in sollte sich niemals mit einem*einer Klient*in solidarisieren und verbünden. Vielmehr ist er*sie zu Neutralität angehalten. Das heißt nicht, dass sich der*die Therapeut*in dem*der Klient*in gegenüber verpflichtet fühlt. Vielmehr unterstützt er*sie die betreffende Person und ist für sie da (vgl. Sachse 2016, S. 11 ff.).

Unterschiedliche Faktoren beeinflussen die therapeutische Beziehung. Stellen Sie diese Merkmale grafisch dar und arbeiten Sie ggf. Wechselwirkungen heraus! Eine entsprechende Möglichkeit der grafischen Darstellung finden Sie nachfolgend in Form der Abbildung 3.

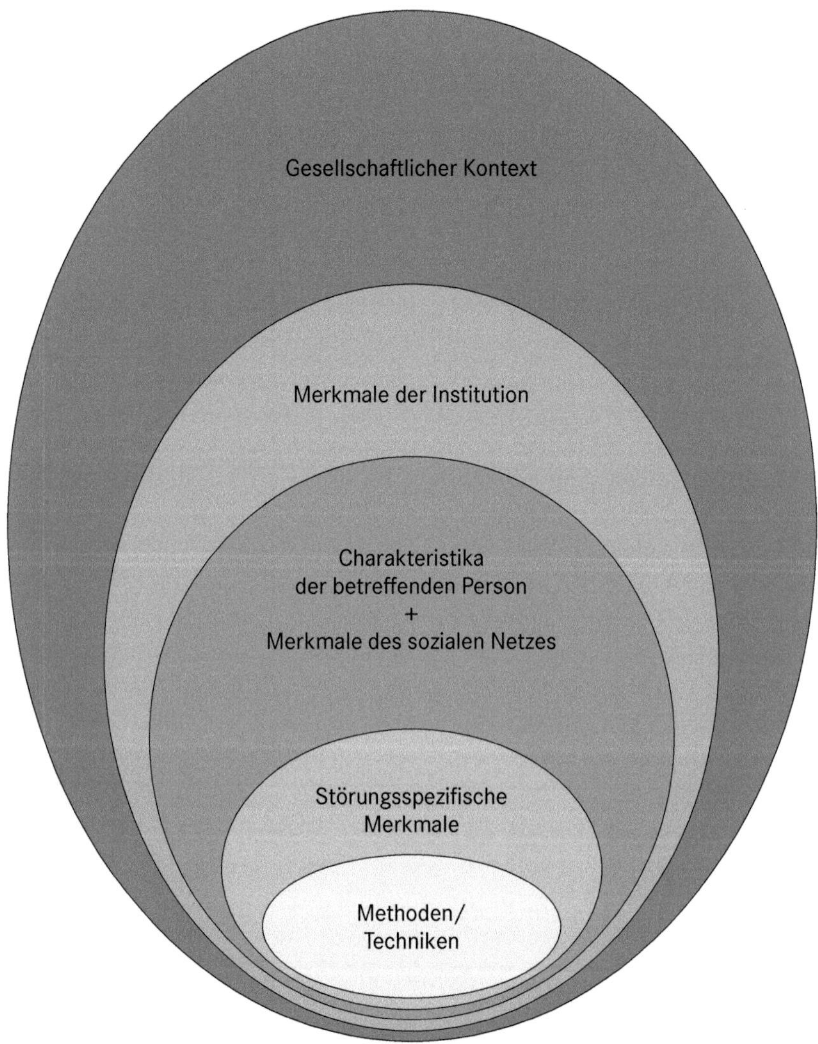

Abb. 3: Einflussgrößen auf die Beziehungsgestaltung (eigene Darstellung)

4.3 Bindungsforschung und therapeutische Beziehung

Weil die frühe Bindungsentwicklung Einfluss auf die spätere Beziehungsgestaltung im Jugend- und Erwachsenenalter hat, wird im Folgenden auf diese für die professionelle Beziehungsgestaltung wichtige Thematik eingegangen. So taucht in der Diskussion über die Bedeutung und den Einfluss von Bindung auf die weitere Entwicklung stets die Frage nach der Veränderbarkeit frühkindlicher Bindungsmodelle auf. Während in manchen Studien Kontinuität von frühkindlichen Bindungsmustern bis hinein ins Erwachsenenalter festgestellt werden konnte (z. B. Hamilton 2000; Waters/Cummings 2000), lag bei anderen Erhebungen die Veränderung von Bindungen im Mittelpunkt der Betrachtung (wie bei Becker-Stoll/Fremmer-Bombik/Wartner/Zimmermann/Grossmann 2008; Grossmann/Grossmann/Kindler/Zimmermann 2008). Gemeinsam ist den Studien, dass sie Veränderungen im Bindungsverhalten auf einschneidende Lebensereignisse (z. B. Kindesmisshandlung, Depression der Eltern, Scheidung) zurückführen konnten. Veränderung findet demnach nicht zufällig statt, sondern folgt bestimmten Regeln. Sollte sich die Erfahrungsgrundlage ändern, werden ebenfalls die inneren Modelle von Bindung überarbeitet. In den Bindungsrepräsentationen sind die Gründe für Kontinuität und Veränderung zu suchen. Sie bilden die Bindungserfahrungen ab und fassen sie in einem Modell zusammen. Sind sie einmal ausgebildet und bestehen über einen längeren Zeitraum, sorgen sie für eine gewisse Trägheit gegenüber Veränderungseinflüssen. Die sich entwickelnde Person löst nicht nur Reaktionen bei anderen aus, sondern interpretiert Erfahrungen immer auch passend zu ihren inneren Modellen (vgl. Suess 2011, S. 11 ff.).

Die Anfänge der Bindungstheorie finden sich in den 1950er-Jahren und gehen auf John Bowlby (1975, 1976, 1983) zurück. Seine Theorie basiert auf der Annahme eines primären Bedürfnisses nach Nähe zu einer Bindungsperson. Bereits der Säugling habe das angeborene Bedürfnis, in bindungsrelevanten Situationen die Nähe, die Zuwendung und den Schutz einer vertrauten Person zu suchen. Die Entwicklung der Bindungsverhaltensweisen beginnt gleich nach der Geburt und dient dazu, bei Bedarf die Nähe zur Bindungsperson herzustellen. Bowlby zeigte, dass sich das Verhalten zwischen Säugling und Bezugspersonen gegenseitig bedingt. Eine sichere Bindungsbeziehung trage dazu bei, dass das Kind seine Umwelt erkunden und erobern möchte und seine Bindungsperson für diese Zeit verlässt. Das wird als Explorationsverhalten verstanden. Die frühen Bindungserfahrungen werden internalisiert und in ein inneres Arbeitsmodell integriert.

Jeremy Holmes (2006, S. 100) geht davon aus, dass

> »ein sicher gebundenes Kind […] das interne Arbeitsmodell einer feinfühligen, liebevollen und zuverlässigen Bindungsperson abspeichern [wird], und eines Ichs, das der Aufmerksamkeit und Liebe würdig ist. Diese Annahmen werden sich dann auf alle anderen Beziehungen auswirken.«

Hingegen können Störungen in der frühen Bindung zur Bildung unsicherer Bindungsrepräsentationen im späteren Leben führen, die wiederum Voraussetzung für psychopathologische Störungen sein können (vgl. Strauß 2008, S. 255 ff.).

Mary Ainsworth (1963) hat Bowlbys Theorie gestützt, indem sie das Bindungsverhalten von Kindern in Abhängigkeit vom Verhalten der Bindungsperson beschrieben hat. Sie entwickelte den sogenannten »Fremde-Situation-Test«. Er dient zur Klassifikation des Bindungsverhaltens von Kindern. Im Test muss sich das Kind zunehmend auf neue, unvertraute und fremde Situationen einstellen und wird auch von seiner Mutter getrennt. Hierdurch wird beispielsweise herausgefunden, ob Kinder bei der Trennung von der Mutter leiden und sich durch die erneute Nähe zur Mutter wieder beruhigen lassen.

Ainsworth (1987) erkannte unterschiedliche Beziehungsmuster, die sie in drei Kategorien einteilte: sicheres, unsicher-ambivalentes sowie unsicher-vermeidendes Beziehungsmuster. Mary Main ergänzte diese drei Bindungstypen um das desorientierte/desorganisierte Bindungsverhalten (vgl. Bolten 2009, S. 60 f.):

- Eine *sichere Bindung* kennzeichnet eine psychisch gesunde Entwicklung des Kindes. Das Kind vertraut seiner Bezugsperson, die sich ihm gegenüber in beängstigenden Situationen durch Erreichbarkeit, Feinfühligkeit und Unterstützung zeigt. Es sucht nach Nähe und findet eine Balance zwischen Bindungs- und Explorationsverhalten.
- Das Verhalten eines Kindes mit einem *unsicheren-ambivalenten Bindungsmuster* ist von Unsicherheit geprägt. Es ist sich unsicher, ob seine Bindungsperson für es da ist, wenn es sie braucht, auf seine Bedürfnisse reagiert und es unterstützt. Dies drückt sich vermehrt in Angst vor Trennungen von der Bezugsperson aus, es sucht die Nähe und ist in seinem Explorationsverhalten gehemmt. Es ist schwer zu beruhigen, verzweifelt im Umgang mit Belastungen und hat Angst vor Verlust.
- Kinder mit einem *unsicher-vermeidenden Bindungsmuster* erhalten von ihrer Bezugsperson keine Bestätigung, Zuwendung, Hilfe und Förderung. Denn die Bindungsperson wendet sich von ihnen ab und verhält sich abweisend gegenüber den Bedürfnissen des Kindes. So umgeht das Kind schmerzvolle

Zurückweisung durch Vermeidung und ignoriert die Bindungsperson bei Annährung. Es hat Angst vor Zurückweisung und versucht, sich durch ein übermäßiges Explorationsverhalten abzulenken.

- Der vierte Typ kennzeichnet ein *desorganisiertes bzw. desorientiertes Bindungsmuster.* Kinder, die sich widersprüchlich verhalten, werden dieser Kategorie zugeordnet. Das Kind bewegt sich beispielsweise unruhig und angstvoll, weil es zum einen seine Umgebung erforschen möchte, zum anderen jedoch den Kontakt zu seiner Bindungsperson sucht, sich dabei aber wieder abwendet und ängstlich verhält. Diese Kinder zeigen keine durchgängige Strategie und verfügen über keine Verarbeitungsstrategie bei Trennungen.

Festzuhalten bleibt, dass die Qualität der frühen Bindung Einfluss auf die spätere Beziehungsgestaltung hat. Eine sichere Bindung stellt die Basis für eine gesunde Persönlichkeitsentwicklung dar.

Zahlreiche Studien haben sich mit der Frage auseinandergesetzt, inwieweit die frühe Bindung von Menschen Einfluss auf die weitere Entwicklung hinsichtlich der relativen Beziehungsfähigkeit hat. Rüdiger Bauer (2018) zieht mit Blick auf die Studien den Schluss, dass im Großen und Ganzen eine Kontinuität der Bindung von der frühen Kindheit bis ins Erwachsenenalter besteht. Folglich kann angenommen werden, dass Bindungsmerkmale die Wirksamkeit von psychosozialen Hilfsangeboten beeinflussen. So kommt auch Bernhard Strauss (2011, S. 212) zu dem Ergebnis, dass

> »Bindungsmerkmale von Patienten, beispielsweise über Unterschiede bezüglich der Erwartungen an eine Therapie oder die Person des Therapeuten, sich auf den interpersonalen Prozess einer Psychotherapie in unterschiedlicher Art und Weise auswirken und auch die Entwicklung und Qualität der therapeutischen Beziehung beeinflussen.«

4.4 Herausforderungen der Beziehungsgestaltung

In der therapeutischen Beziehungsgestaltung kann es, ebenso wie bei der sozialarbeiterischen Beziehungsarbeit, immer wieder zu unterschiedlichen Problemen zwischen professionell Helfenden und Adressat*innen kommen. Neben motivationalen Schwierigkeiten aufseiten der Adressat*innen und der helfenden Personen können Widerstände, Abhängigkeiten und Abbrüche/Wechsel das Arbeitsbündnis kennzeichnen und das Zustandekommen einer gelungenen Beziehungsarbeit erschweren.

4.4.1 Motivation

Die Frage nach dem Umgang mit motivationalen Schwierigkeiten von Adressat*innen in professionellen Settings ist nicht neu. Gerade in Zwangskontexten wird ihr häufig nachgegangen.

Fallbeispiel

Im Rahmen des Allgemeinen Sozialen Dienstes können Sozialarbeiter*innen immer wieder auf schwierige Situationen treffen, wenn sie Hausbesuche wegen drohender Kindesgefährdung vornehmen. Eine Sozialarbeiterin äußerte sich einmal folgendermaßen: »Es handelt sich bei Kevin K. um eine lange Fallgeschichte von abgebrochenen Hilfen und versuchter Heimunterbringung. Eine alleinerziehende Mutter hat ein verhaltensauffälliges Kind. Es ist häufig krank, geht nicht zur Schule, ist teils unterversorgt und weist psychische Besonderheiten auf. Die Mutter bezieht keine eigene Position und schweigt zu allen Angeboten.«

 Halten Sie schriftlich fest, wie Sie die Mutter von Kevin dahingehend motivieren würden, gemeinsam mit Ihnen zum Wohl ihres Kindes zusammenzuarbeiten. Welche Schritte sind aus Ihrer Sicht wichtig?

Das Gespräch mit Patient*innen (sowie deren Angehörigen, kooperierenden Fachkräften und Netzwerkpartner*innen in der Sozialen Arbeit) ist sowohl für Therapeut*innen als auch für Sozialarbeiter*innen beruflicher Alltag. Motivationale Probleme können immer wieder vorkommen und lassen sich auf ein Wechselspiel unterschiedlicher Faktoren zurückführen. Einfluss haben sowohl der*die Patient*in als auch die*der Therapeut*in. Aber auch die konkrete Interaktionssituation wirkt sich auf die Motivation aus.

Unter Therapiemotivation wird die Motivation, eine Therapie zu beginnen oder fortzuführen, verstanden. Änderungsmotivation meint hingegen die Motivation, sich in und mithilfe von Therapie aktiv zu verändern. Das kann auch auf die Beratungssituation übertragen werden. Was motiviert uns Menschen überhaupt dazu, bestimmte Handlungen auszuführen? Hier lassen sich zwei Erklärungsansätze finden: Zunächst ist das Erwartung-mal-Wert-Modell zu nennen. Ihm liegt die Annahme zugrunde, dass das Individuum seine Handlungsziele bewusst wählt und dabei rational vorgeht, indem es die Attraktivität des jeweiligen Ziels (Wert) mit der Wahrscheinlichkeit, es zu erreichen, (Erwartung) verrechnet. Letztlich soll die Alternative gewählt werden, die den höchsten subjektiv erwarteten Nutzen verspricht.

Daneben liegen phänomenologisch orientierte Ansätze vor, die weniger auf die Motivationsstärke als vielmehr auf die Bedeutung intrinsischer Motivation eingehen. Das heißt, Motivation entsteht sowohl durch die Orientierung am Zielzustand als auch aus einem selbst heraus, weil die Handlung als sinnvoll und erfüllend wahrgenommen wird. Matthias Berking und Judith Kowalsky (2012, S. 14) erläutern, dass eine Veränderungsmotivation nicht Voraussetzung für den Therapiebeginn sein sollte. Vielmehr sei es Aufgabe des*der Therapeut*in, die Ursachen möglicher Beeinträchtigungen der Veränderungsmotivation zu identifizieren und diese ggf. mit spezifischen Interventionen zu stärken. Denn die Annahme, dass Veränderungen von Patient*innen einfach seien, ist eine Wunschvorstellung. Stattdessen sind Veränderungen schwierig und aufwendig, denn die Betreffenden müssen sich darauf einlassen, alte und vertraute Lösungen aufzugeben, um sich auf einen ungewissen Weg zu neuen Lösungen zu machen. Personen, die an den Erfolg der Therapie glauben, sind eher motiviert, sich auf die Therapie/Beratung einzulassen. Dabei spielt die Grundhaltung der betreffenden Person eine zentrale Rolle. Hierfür sind die Werte- und Zielvorstellungen der*des Patient*in zu erfassen, damit die Autonomie- und Selbstregulationsbestrebungen gewahrt bleiben.

4.4.2 Persönlichkeit der helfenden Person

Neben der Therapiemotivation aufseiten der Patient*innen spielt auch die Person des*der Therapeut*in eine zentrale Rolle. Allerdings finden sich hierzu in der Literatur nur sehr begrenzt Hinweise. Johannes Michalak und Ulrike Willutzki (2011, S. 661) werfen einen Blick auf die Person des*der Therapeut*in und geben in Anlehnung an die Boulder-Konferenz zur Ausbildung in Psychotherapie in den 1950er-Jahren die motivationalen Voraussetzungen wieder: Interesse am Gegenüber, Toleranz, Sensibilität für motivationale Fragen, Fähigkeit zu einem warmen und wirksamen Beziehungsaufbau sowie die Einsicht in eigene Persönlichkeitsmerkmale. Hingegen scheinen für die Motivation drei zentrale Bereiche hinderlich zu sein (vgl. Kanfer/Reincker/Schmelzer 1996, S. 23 ff.):

- Voyeurismus: Therapeut*innen haben die Möglichkeit, sehr viel über ihre Patient*innen zu erfahren. Sofern dieser Umstand aber dazu führt, dass professionell Helfende aus persönlichem Interesse Informationen gewinnen möchten, unabhängig von der Therapiestrategie, ist dies hinderlich.

- Selbsttherapie: Einen Beruf im psychosozialen Bereich aufzugreifen, beinhaltet immer wieder die Gefahr, eigene Probleme aufzuarbeiten und mittels geeigneter Methoden bewältigen zu wollen. Das ist problematisch, sofern dieses Interesse im Vordergrund steht und die Zielvorstellungen der Patient*innen in den Hintergrund rücken.
- Ausüben von Macht und Kontrolle: In helfenden Beziehungen spielt die Asymmetrie zwischen den Parteien immer eine Rolle. Ein konstruktiver Umgang mit Machtbeziehungen ist unumgänglich, damit hilfesuchende Personen einen günstigen Veränderungsprozess erfahren können.

Festhalten lässt sich, dass sowohl die Motivation des*der Patient*in als auch die des*der Therapeut*in mit dem Beziehungsgeschehen im professionellen Kontext verknüpft sind. Es handelt sich um ein dynamisches Beziehungsmuster, in dem es immer wieder zu positiven und auch negativen Umgangsformen mit Schwierigkeiten kommen wird.

4.4.3 Widerstand

Eng verknüpft mit der motivationalen Lage ist der Widerstand von Hilfesuchenden. Widerstand meint das Sträuben eines Menschen gegenüber Einflüssen anderer. Während ältere Konzepte Widerstand eher als Entwicklungshemmnis betrachteten, verstehen moderne Ansätze Widerstand konsequent als »Beziehungswiderstand«, der sich als interpersonales Phänomen zwischen Kommunikationspartner*innen abspielt. Es gibt unterschiedliche Ansätze zur Erklärung von Widerstand. Beispielsweise geht die Reaktanztheorie davon aus, dass es durch wahrgenommene Freiheitseinschränkungen zu psychologischen Auswirkungen kommt. Die Reaktanz besteht dann in der Aufwertung des drohenden Verlustes. Dieses Verhalten kann z. B. durch Verbote oder knappe Ressourcen entstehen und zeigt sich in oppositionellem Verhalten, Noncompliance und Rigidität. Somit wird Reaktanz vielmehr als ein normaler Prozess begriffen, der die persönliche Freiheit schützen möchte.

Daneben versucht die soziale Einflusstheorie Widerstand so zu erklären, dass dieser durch die Wahrnehmung der*des Patient*in aufgrund illegitimen Einflusses des*der Therapeut*in hervorgerufen wird. Der innere Widerstand bildet in der Folge den inneren Konflikt zwischen dem Wunsch, den Einfluss der unterstützenden Person zu akzeptieren, und dem Widerstreben, dies zu tun. Deshalb sollte im professionellen Kontext Widerstand nicht als krankhaftes Verhalten wahrgenommen werden, sondern vielmehr als eine normale Reaktion auf Bedrohung und Stress, die es gilt, weitestgehend zu reduzieren.

Um auf reaktante Zustände zu reagieren, bieten sich folgende Möglichkeiten an (vgl. Beutler/Harwood 2000):

- Anerkennung und Reflexion der Bedenken und des Ärgers der hilfesuchenden Person
- Diskussion der therapeutischen Beziehung
- Neuverhandlung der Ziele und der professionellen Rolle

Fallbeispiel

Herr und Frau K. kommen zu Ihnen in die psychosoziale Beratungsstelle. Sie berichten von ihrer 12-jährigen Tochter Klara. Vor allem beklagt sich Frau K. über ihre Tochter, weil sie sich fast allen Entscheidungen widersetze, Verabredungen nicht einhalte und verbal ausfallend sei. Der Klageschwall der Mutter ist kaum zu bremsen. Auf ihr eigenes Verhalten geht sie nicht ein. Herr K. regt daraufhin an, seine Tochter zum nächsten Gespräch mitzunehmen. Nach einigem Zögern hat Frau K. widerwillig zugestimmt. Im gemeinsamen Gespräch ist Ihnen in Ihrer Funktion als Berater*in aufgefallen, dass die Mutter große Schwierigkeiten damit hat, auf die Bedürfnisse ihrer Tochter einzugehen. Die Tochter ist verzweifelt, weil ihre Mutter sie immer nur kritisiere, so gut wie nie lobe und keinerlei Interesse an ihren Themen zeige. Sie als Berater*in führen daraufhin allein ein Gespräch mit Frau K. mit dem Ziel, Frau K. zur Veränderung ihres Erziehungsstils anzuregen. Die Mutter habe verstört und ärgerlich reagiert, schließlich sei sie zur Beratung gekommen und müsse sich jetzt hier Vorwürfe machen lassen.

 Sie wissen nun nicht mehr weiter und wenden sich an Ihre*n Supervisor*in mit der Frage, wie Sie wieder einen Zugang zu Frau K. finden können. Halten Sie danach Ihre Gedanken schriftlich fest.

In diesem Beispiel zeigt sich deutlich der Verlust von Neutralität aufseiten der*des Beratenden. Denn sie*er hat eine konkrete Lösung »vor Augen« und möchte die betreffende Person in eine Richtung drängen (vgl. Wahlster 2014). Widerstand ist in diesem Fall die logische Konsequenz.

4.4.4 Abhängigkeitsverhältnisse

Neben motivationalen Schwierigkeiten und Widerstand kann es auch immer wieder zu unerwünschten Abhängigkeitsverhältnissen zwischen Berater*in und Adressat*in kommen. So wird während des gesamten Hilfeprozesses die Balance zwischen Abhängigkeit und Unabhängigkeit, zwischen Nähe und Distanz, zwischen Geborgenheit und Autonomie beeinflusst. Ein gewisses Maß an Abhängigkeit kann vorübergehend, beispielsweise aufgrund von emotionaler Instabilität und fehlenden Selbsthilfefähigkeiten, durchaus normal sein. Hier stellt sich vielmehr die Frage, wie im Verlauf des Hilfeprozesses damit umgegangen werden kann.

Abhängigkeitsverhältnisse können vor allem dann entstehen, wenn der*die Therapeut*in das eigentliche Ziel, nämlich die Förderung von Autonomie, aus dem Blick verliert und anstelle der betreffenden Person sich selbst die Fortschritte des Therapieprozesses zuschreibt (vgl. Morschitzky 2007). Weiterhin darf kein emotionaler oder finanzieller Gewinn aus der Abhängigkeit entstehen.

Darüber hinaus wird sich, sofern die Neigung von Patient*innen darin besteht, sich in Beziehungen abhängig zu machen, dieses Verhalten meist auch in der Therapie widerspiegeln. Dies sollte im professionellen Kontext erkannt und angesprochen werden, damit es im weiteren Verlauf des Hilfeprozesses bearbeitet werden kann.

4.4.5 Abbrüche

Gerade auch bei langfristigen Hilfesettings kann es immer wieder zu Abbrüchen/Wechseln kommen. Das kann sowohl mit äußeren Umständen wie Umzug oder Krankheit zusammenhängen als auch mit persönlichen Gründen aufseiten der Patient*innen wie auch auf Therapeut*innenseite. Ausführliche Aufnahmegespräche sowie ein aufmerksamer und reflexiver Umgang miteinander können Abbrüchen vorbeugen (vgl. Moser 2018, S. 272 ff.).

Fallbeispiel

Stellen Sie sich vor, Sie haben gerade mit Ihrer Stelle als Sozialarbeiter*in in einer psychiatrischen Tagesstätte begonnen. Während Ihrer ersten Teambesprechung werden Sie über das Bezugsbetreuersystem informiert und erhalten sogleich Ihren ersten Adressaten.

Herr W. ist Mitte 50, seit 10 Jahren Teilnehmer der Tagesstätte und laut Aussage Ihrer Kolleg*innen ein eher schwieriger Typ, dem »man es sowieso nicht recht machen kann«. Nach Ihren ersten drei Kontakten, die aus Ihrer Sicht dem gegenseitigen Kennnenlernen dienten, eröffnet Ihnen Herr W. nun, dass er »nichts mit Ihnen anfangen kann«, Sie sollten erst einmal »in sein reifes Alter« kommen, bevor Sie ihm »vorschreiben wollen, wie das Leben funktioniert«.

 Überlegen Sie nun – auch im Hinblick auf Ihre Stellung als »Neuling« im Team – wie Sie mit der Situation umgehen würden, um zu einer »guten« Lösung für beide Seiten zu gelangen.

4.5 Auf einen Blick

Weil sich die frühe Bindung auf alle späteren Beziehungserfahrungen auswirken kann, ist Hintergrundwissen für angehende Sozialarbeitende relevant. Denn es ist davon auszugehen, dass in den Handlungsfeldern der Sozialen Arbeit häufig Menschen anzutreffen sind, die sich nicht sicher gebunden fühlen und eine unsichere frühe Bindung aufweisen. Die Ursachen können vielfältig sein: Angefangen bei multiplen Traumatisierungen wie Vernachlässigung, emotionale, körperliche, sexuelle oder verbale Gewalt bis hin zu häufig wechselnden Bezugssystemen, also Verlusten, die zu einer frühen Psychopathologie der Bindungsentwicklung führen können. Ein Wissen sowie Kenntnisse über den Bereich der Bindung helfen bei der Beziehungsgestaltung. So unterscheiden sich Personen mit verschiedenen Formen von Bindungsunsicherheiten in ihren Interaktionen. Strauss (2008, S. 224) hat exemplarisch die Charakteristika von Personen mit verschiedenen Bindungsmustern zusammengefasst, die für die Therapie relevant sind (s. Tab. 1):

Tab. 1: Für die Therapie relevante Bindungsmuster (nach: Strauss 2008, S. 224)

Bindungsrepräsentation	Merkmale
Personen mit sicherer Bindung	- sind kooperativer und engagierter, - werden positiver wahrgenommen, - suchen aktiver Hilfe, - profitieren mehr von Therapien, - entwickeln engere Arbeitsbeziehung, - fokussieren Probleme besser, - formulieren ähnliche Ziele wie ihre Therapeut*innen, - zeigen differenziertere Objektwahrnehmung.
Personen mit abweisender Bindung	- suchen seltener Hilfe, - neigen zur Bagatellisierung von Problemen, - sind weniger bereit, an interpersonalen Problemen zu arbeiten, - zeigen häufiger Autonomiewünsche, - lösen feindselige Reaktionen aus, - entwickeln weniger positive Arbeitsbeziehungen, - schätzen andere weniger freundlich und dominant ein, - entwickeln weniger Vertrauen.
Personen mit verstrickter Bindung	- sind eher fordernd, - übertreiben eher bei der Problembeschreibung, - beschäftigen ihr Gegenüber und testen Grenzen, - provozieren Feindseligkeit, - vergessen ihr Gegenüber, - entwickeln eine starke Bindung zur*zum Therapeut*in, - wünschen sich intensivere und häufigere Kontakte.

Im Unterschied zu sozialarbeiterischen Kontexten ist das Risiko in Psychotherapien, die mit dem Unbewussten arbeiten, für die Entwicklung einer Abhängigkeit vermutlich höher. Allerdings kann vor allem bei langfristigen Beziehungen ebenfalls die Gefahr des Verlustes von Selbstbestimmung bestehen. Gleichzeitig werden Sozialarbeitende im Praxisfeld auch immer wieder auf Adressat*innen stoßen, bei denen sie zunächst gemeinsam an der Motivation und an der Bereitschaft zur Veränderung arbeiten müssen. Demzufolge können die Erkenntnisse zur Beziehungsgestaltung aus der Psychotherapie auch für Soziale Arbeit als wegweisend angesehen werden.

5 Grundlagen der Beziehungsgestaltung

Nachdem im vorherigen Kapitel auf die Besonderheiten der therapeutischen Beziehung eingegangen wurde, findet sich nachfolgend eine Auseinandersetzung mit der professionellen Beziehungsgestaltung im sozialarbeiterischen Setting. Dazu beginnt das Kapitel einführend mit einer Übungsaufgabe.

Zeichnen Sie bitte Ihr eigenes Beziehungsnetz. Nehmen Sie dazu ein Blatt Papier und malen Sie einen Kreis für sich in die Mitte. Ausgehend von diesem Punkt überlegen Sie und ergänzen:

- Wer sind die Menschen in Ihrem Leben?
- Wie viele sind es?
- In welchem Maße beeinflussen sie Ihr Leben/Ihre Arbeit/Ihr Studium?

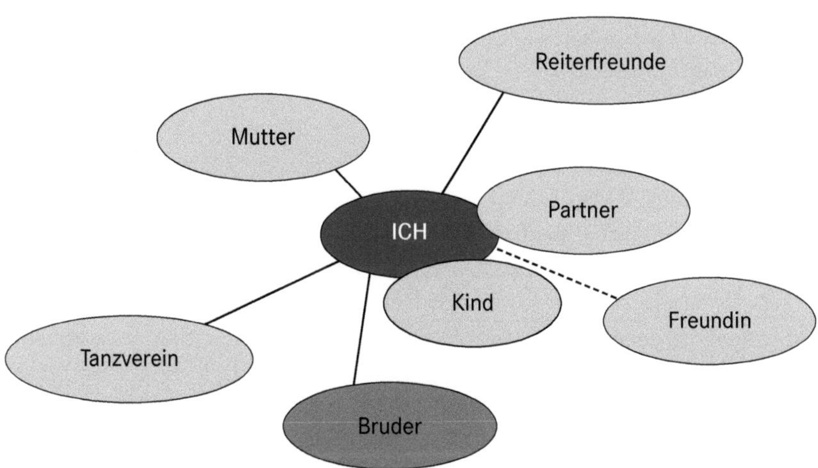

Abb. 4: Beispiel für ein Beziehungsnetz (eigene Darstellung)

Gestrichelte Linien können beispielsweise für Kontaktstille stehen, die Farbe Rot (hier in dunklerer Färbung: Bruder) für Klärungsbedarf.

Im Folgenden werden drei Beziehungstheorien skizziert, auf denen die weiteren Überlegungen aufbauen. Dieses Wissen ist wichtig, um beispielsweise verstehen zu können, weshalb Menschen soziale Beziehungen eingehen, was sie dabei motiviert, diese aufrechtzuerhalten und weiterzuführen, oder was sie andererseits auch daran hindern kann, Energie in eine unerfüllte Beziehung zu stecken. Es folgt eine Darstellung der Gemeinsamkeiten und der Unterschiede von Beratung in Abgrenzung zur Psychotherapie. Anschließend werden drei aktuelle wissenschaftliche Beiträge mit dem Ziel vorgestellt, zentrale Erkenntnisse zur professionellen Beziehungsgestaltung in der Sozialen Arbeit zu liefern.

5.1 Konzepte sozialer Beziehungen

Soziale Arbeit ist Beziehungsarbeit. Denn ohne eine tragfähige Basis ist eine inhaltliche Soziale Arbeit schwer vorstellbar. Jedoch verläuft für die meisten Sozialarbeitenden die Beziehungsgestaltung automatisch: Mal entwickelt sich die Beziehung gut, mal schlecht. Dass es sich bei der professionellen Beziehungsgestaltung um eine bewusst erlernbare Methode handelt, wird im Hochschulkontext oft nicht beachtet.

5.1.1 Austauschtheorie

Bei der Austauschtheorie handelt es sich um eine allgemeine soziologische Theorie, die ihre Blütezeit in den 1960er- und 1970er-Jahren hatte. Zu ihren Hauptvertretern zählen Peter M. Blau und George Caspar Homanns (vgl. Heidbrink/Lück/Schmidtmann 2009, S. 55). Die Austauschtheorie kann als eine Handlungstheorie verstanden werden, die auf der allgemeineren Theorie, der *rational choice theory*, fußt. Diese geht davon aus, dass der Mensch mit bestimmten Ressourcen ausgestattet und gleichzeitig zeitlichen, materiellen und sozialen Einschränkungen in ihren Handlungen unterworfen ist. Jede Handlung eines Menschen basiere auf einer vernünftigen Entscheidung. Dabei finde eine Kosten-Nutzen-Abwägung für oder gegen eine Handlung statt. Das heißt, weil menschliches Handeln zielorientiert ist, werde unter den verschiedenen Möglichkeiten zur Zielerreichung diejenige ausgesucht, die das optimale Ergebnis zu beinhalten scheint. Ebenfalls wird berücksichtigt, welche Kosten und Nutzen infolge der Handlung entstehen können. Der Nutzen der Handlung ist natürlich sehr individuell und abhängig von den Werten der jeweiligen Person, weshalb sich Personen unterschiedlich entscheiden können. Das Streben nach Nutzenmaximierung werde aber stets verfolgt. Diese Grundannahmen werden auf die Austauschtheorie übertragen. Die Brücke zwischen dem Rational-Choice-Ansatz und der Austauschtheorie besteht darin, dass Menschen ihre begrenzten materiellen und immateriellen Ressourcen durch Tauschhandlungen erweitern möchten. Nur so kann eine Nutzensteigerung erreicht werden. Folglich stehen bei austauschtheoretischen Ansätzen das Geben und Nehmen in sozialen Interaktionen im Mittelpunkt.

Unterschieden werden kann zwischen ökonomischen und sozialen Austauschbeziehungen, denn jede Austauschbeziehung verursacht Kosten und schafft einen Nutzen. Demzufolge werden besonders gerne Beziehungen eingegangen, die einen Nutzen für die entsprechende Person haben (vgl. Gratzke 2012, S. 4). Während es bei ökonomischen Beziehungen überwiegend um den Tausch von Geld und Gütern in einem begrenzten Zeitraum geht, spielt bei sozialen Beziehungen der soziale Tausch eine vordergründige Rolle. Auch hier gilt das Reziprozitätsprinzip, welches den Tausch mit bestimmten Erwartungen verknüpft: Die gebende Person erwartet eine angemessene Gegenleistung, zu der sich die nehmende Person ebenfalls verpflichtet fühlt (vgl. Hill/Kopp 2004, S. 103). Durch die Interaktionen versucht der Mensch, Belohnungen zu erhalten und Strafen zu vermeiden; kurz gesagt, seine Bedürfnisse zu befriedigen. Belohnungen im Rahmen einer sozialen Austauschbeziehung können beispielsweise in Form von sozialer Anerkennung, Status, Rechte, Schutz, der Gewährung des Zutritts zu Kreisen, die hohe soziale Belohnungen garantieren, erfolgen (vgl. Keuper 2013). Dabei wird davon ausgegangen, dass soziale Interaktionen durch eine wechselseitige Abhängigkeit gekennzeichnet sind und das Verhalten von einem*einer Interaktionspartner*in das Verhalten des*der jeweils anderen beeinflusst. Je mehr die Belohnungen gegenüber den Kosten überwiegen, desto zufriedener ist die Beziehung (vgl. Grau/Bierhoff 2003, S. 1 ff.).

Der austauschtheoretische Ansatz wurde von Thibaut und Kelly aufgegriffen und zur sogenannten Interdependenztheorie weiterentwickelt. Das Augenmerk liegt bei diesem Ansatz auf einer differenzierten Betrachtung der subjektiven Einschätzung der betreffenden Person, d.h. Fakten werden miteinander verglichen. Es wird zwischen zwei Vergleichsniveaus unterschieden, die wie ein Bewertungsmaßstab Einfluss auf die Interaktion nehmen. Demnach ist die Zufriedenheit mit der Beziehung abhängig vom *comparison level.* Hierbei handelt es sich um das Vergleichsniveau, das den Erwartungen des Individuums entspricht und das repräsentiert, was das Individuum meint, verdient zu haben. Die Entscheidung darüber, ob die Beziehung hingegen aufrechterhalten werden soll, orientiert sich am *comparison level for alternatives* – dem Vergleichsniveau für Alternativen. Wenn das Vergleichsniveau für Alternativen eher gering ausfällt, kann es nach dieser Theorie vorkommen, dass selbst eine sehr unerfüllte Beziehung bestehen bleibt.

 Überlegen Sie zunächst, wo die Stärken und Schwächen der Austauschtheorie liegen. Prüfen Sie im nächsten Schritt die Relevanz der Austauschtheorie für das Handlungsfeld der Sozialen Arbeit.

In der kurzen Darstellung der Austauschtheorie und der Interdependenztheorie wurde sichtbar, dass hier eine wirtschaftliche Betrachtungsweise in die Analyse des Handelns eingebracht wurde. Der Ansatz bleibt eher auf einer rationalen Ebene, da über die persönlichen Motive keine Aussagen getroffen werden.

Für die Soziale Arbeit kann geschlussfolgert werden, dass beide Parteien entsprechend ihrer Beiträge in gleichen Maßen von der Beziehung profitieren sollten. Je mehr positive Beiträge eine Person in die Beziehung einbringt, desto höher sollte auch ihr Profit sein. Es geht also um möglichst positive Ergebnisse. Eine Beziehung ist dann ausgeglichen, wenn der relative »Nettogewinn« beider Partner*innen gleich ausfällt, also eine Beziehung auf Augenhöhe stattfindet. Dies ist zumindest eine einseitige Beschreibung der Sachlage, warum Menschen Interaktionsbeziehungen aufnehmen und aufrechterhalten.

5.1.2 Systemtheoretischer Ansatz

Neben Bindungstheorien und Austauschtheorien kommt den Systemtheorien vor allem im sozialarbeitswissenschaftlichen Kontext eine besondere Bedeutung zu. Niklas Luhmann, Johannes Herwig-Lempp und Heiko Kleve sind nur einige Namen, die mit dem systemischen Ansatz verbunden werden. Was ist nun aber das Besondere an diesem Ansatz? Zunächst können Systemtheorien als Erkenntnistheorien beschrieben werden, die auf bestimmte Phänomene eingehen. Dabei steht die Gesellschaft im Mittelpunkt. Da in der systemischen Sozialen Arbeit Probleme aus unterschiedlichen Perspektiven betrachtet werden, sind immer auch mehrere Lösungswege möglich. So lässt die systemische Herangehensweise Raum für unterschiedliche Arbeitsfelder, methodische Konzepte und Ebenen der Intervention. Nach Wilfried Hosemann und Wolfgang

Geiling (2013, S. 9) besteht eine systemische Praxis dann, wenn sich Soziale Arbeit auf eine Sicht- und Vorgehensweise stützt, die sich nicht nur auf Systeme bezieht, sondern auch Systeme in ihrem Eigensinn und ihren wechselseitigen Abhängigkeiten betrachtet sowie systemische Grundsätze des Vorgehens als Orientierung in der Praxis nutzt. Gleichzeitig sollte Soziale Arbeit sich selbst in die Beobachtung einbeziehen und sich mit verschiedenen Systemen verbunden betrachten sowie Systeme unter den Aspekten von sozialer Teilhabe beobachten.

Was ist aber überhaupt ein System? Ein System ist gekennzeichnet durch das Zusammenwirken von Elementen, die miteinander verkettet sind und sich so von einer Umwelt nicht dazugehöriger Elemente unterscheiden. Folglich ist die Festlegung eines Systems auch immer ein Konstruktionsprozess. Systemtheorien geben keine Anleitung zum »richtigen« Handeln. Vielmehr lassen sie Platz für Interpretationsspielräume. Dabei kommt der Reflexion von Personen und sozialen Systemen eine besondere Bedeutung zu mit dem Ziel, hierdurch neue Möglichkeiten und Sichtweisen zu eröffnen.

Für die Soziale Arbeit sind vor allem biologische, soziale und psychische Systeme in ihrer jeweiligen Eigenständigkeit als auch in ihren gegenseitigen Wechselwirkungen von Relevanz. Ihr Augenmerk liegt vor allem auf sozialen Systemen und deren Auswirkungen auf psychische und organismische Systeme bzw. die Soziale Arbeit beschäftigt sich mit den Wirkungen von psychischen und organismischen Systemen auf soziale Systeme.

Der Fokus der systemischen Sozialen Arbeit liegt nicht explizit bei den Problemen ihrer Adressat*innen, sondern setzt bei der Beobachtung der eigenen Konzepte und ihres eigenen Handelns an (vgl. Hosemann/Geiling 2013, S. 9 ff.). Soziale Probleme werden folglich im Kontext der Dysfunktionalität von Systemen betrachtet (vgl. Lüssi 2008, S. 71). So sieht die systemische Soziale Arbeit jedes mögliche Sozialsystem in ihren jeweiligen sozialen Zusammenhängen, dem ein*e Adressat*in angehört, um einen allumfassenden Eindruck zu bekommen. Vor allem der Aspekt »Kommunikation« innerhalb von und zwischen Systemen mittels spezieller »Codes« ist hier von besonderem Interesse. In diesem Sinne wird die Gesellschaft nicht als eine Ansammlung von Menschen verstanden, sondern als ein nicht zufällig aufeinander Bezug nehmendes Kommunikationsgeschehen. Kommunikationstheoretiker*innen wie Watzlawick, Batesom und Jackson haben bereits vor vielen Jahrzehnten zwischenmenschliche Systeme als objektiv am besten mit anderen Personen kommunizierende Personen beschrieben. Weil aus ihrer Sicht jede Mitteilung über einen Inhalts- und einen Beziehungsaspekt verfügt, kann die systemtheoretische Perspektive als eine Art Metaanalyse wahrgenommen werden.

Am Beispiel einer Familie soll die Systemtheorie kurz verdeutlicht werden. So stellt die Familie ein System mit Regeln dar. Diese Regeln bestimmen wiederum die Beziehungen der Familienmitglieder untereinander und haben sowohl Auswirkungen auf das System Familie als auch nach »außen«. Verändert sich eine Beziehung, beispielsweise durch die Erkrankung der Mutter, wird das System Familie insgesamt verändert. D.h. jede Veränderung hat auch Auswirkungen auf die Familie bzw. die einzelnen Mitglieder. Zum Verdeutlichen eignet sich die Metapher eines Mobiles. Wird eine Figur im Mobile angestoßen, bewegen sich ebenfalls die anderen. Weiterhin ist das System Familie stets in größere Systeme eingebunden.

Für die professionelle Beziehungsarbeit zeigt sich, dass systemisch zu arbeiten heißt, zu bedenken und immer wieder zu reflektieren, dass das, was beobachtet wird, von anderen Beobachter*innen unter Umständen ganz anders wahrgenommen werden kann. Mein Kollege Johannes Herwig-Lempp hat im Jahr 2002 eine Art Checkliste für systemisches Arbeiten zusammengestellt. Er weist daraufhin, dass diese Liste überwiegend dafür genutzt werden könne, methodische Ideen auf der Inhaltsebene zu entwickeln und Anregungen zu erhalten. Gleichzeitig betont er, dass durch die Berücksichtigung folgender Punkte die Arbeitsbeziehung verbessert und stabilisiert werde, weil sie stets auch »Botschaften« auf der Beziehungsebene seien:

- Autonomie und Eigensinn
- unterschiedliche Sichtweisen und Perspektiven
- Ausnahmen
- Ressourcen, Stärken, Fähigkeiten, Erfolge
- Aufträge
- Zielformulierungen und Lösungen
- Wertschätzung der Adressat*innen

Halten Sie schriftlich die Punkte des systemischen Ansatzes fest, die aus Ihrer Sicht für die Beziehungsarbeit und -gestaltung relevant sind.

Der systemische Ansatz bietet insgesamt wesentliche Anknüpfungspunkte für die Beziehungsgestaltung. Er trägt sowohl zum inhaltlichen Arbeiten mit seinen zugrunde liegenden Methoden und Grundhaltungen bei als auch zur Förderung der Beziehung zwischen den Parteien. Denn systemisches Arbeiten findet in der zwischenmenschlichen Kommunikation und ihrer Umwelt statt, indem es um den zirkulären Austausch von Informationen über Gedanken, Wünsche, Zu- und Abneigungen, Konflikte und Missverständnisse geht.

Vertiefung: Zirkuläres Fragen

Eine Annährung, was unter Zirkularität zu verstehen ist, gibt Kersten Reich (2006, S. 298f.):

> »In Beziehungen gelten keine eindeutigen und strikten Kausalbezüge, die linear ein Verhalten festlegen oder Kommunikation beschreiben können. Das Verhalten eines jeden Elements in einem zirkulären System ist durch Rückkopplung bedingt. Wenn sich auch technische Regelkreise nicht auf menschliches Verhalten direkt beziehen lassen, da sie nur einfache Wechselwirkungen beschreiben, so kann man dennoch die Metapher des Feedback aufnehmen und auf menschliche Kommunikation anwenden. Dies betrifft insbesondere die Erweiterung einer bloß kausalen Wenn-dann-Beziehung hin zu einer zirkulären: Jede kommunikative Äußerung wird in einer Kommunikation Anlass für andere Äußerungen, die dann, wenn sie zum Kommunikator zurückkehren, wieder Anlass für neue Äußerungen werden. Jede Äußerung birgt eine potenzielle Anregung oder auch Verstörung des Systems in sich. Dies ist für menschliche Kommunikation typisch. Lineare Wenn-dann-Zuschreibungen sind für kommunikative Prozesse immer zu einfach. Menschen sind keine Planetensysteme, die nach klar zu bezeichnenden Regeln um sich kreisen und vorausberechnet werden können. Eine zirkuläre Sichtweise hilft, die Verwobenheit von interaktiven Bezügen anzuerkennen [...]. In einer zirkulären Haltung stehen wir möglichen Ursachen und Wirkungen offener gegenüber als in einer bloß kausalen Suche. Wir betrachten zirkulär vor allem die Unterschiedlichkeit der individuellen Erfahrungen und Erlebnisse, die wir kommunikativ austauschen, um ein tieferes, weites Bild über uns und unsere Interaktionen zu erhalten.«

Zirkuläres Fragen entstammt der systemischen Beratung. Es lädt zum Perspektivwechsel ein. Denn es werden nicht die Adressat*innen nach ihren eigenen Einstellungen und Handlungen befragt, sondern zu denen anderer Personen aus ihrem Umfeld. Das heißt, die betreffende Person wird dazu eingeladen, die Perspektive zu wechseln und sich in die Position, Gefühls- und Gedankenwelt einer anderen Person hineinzuversetzen, und überlegt, was diese antworten oder tun würde. Hierdurch können unterschiedliche Positionen und Sichtweisen eingenommen und Prozesse in Beziehungssystemen aufgedeckt werden. Neue Denk- und Sichtweisen werden in Gang gesetzt und somit wird die Basis für eine Veränderung gelegt. Beispiele für zirkuläre Fragen:

- »Wie fühlt sich wohl Ihre Frau, wenn Sie Ihre Kinder anschreien?«
- »Wie würde Ihr Partner diese Frage beantworten?«
- »Weshalb hat Ihre Freundin in dieser Situation so reagiert und nicht, wie Sie es erwartet hätten?«

Ziele des zirkulären Befragens in der Therapiesituation sind zu Beginn, dass Informationen über den Kommunikationskontext gesammelt und festgefahrene Kommunikations- und Verhaltensmuster sowie Beziehungskonstellationen gestört werden. In einem nächsten Schritt geht es um die Generierung von Ideen für neue Deutungsmuster und Handlungsoptionen.

 Stellen Sie sich vor, Sie sind systemische*r Berater*in. In Ihre Sprechstunde kommt Frau K. Sie ist ziemlich verärgert. Wie gehen Sie vor?

Im Großen und Ganzen haben Sie zwei Möglichkeiten: Sie könnten Frau K. nach dem Grund für ihren Ärger fragen. Hiermit würden Sie der linearen Sichtweise folgen. Die Konsequenz wäre, dass Frau K. nur auf die eigene Sichtweise eingeht. Eine andere Möglichkeit wäre, Frau K. danach zu fragen, was sie denkt, was ihr Ärger für die andere Person B, die den Ärger bei ihr ausgelöst hat, bedeutet. Sofern es darüber hinaus noch eine dritte Person C gibt, können Sie in Ihrer Funktion als Berater*in fragen, was sie denkt, was der Ärger von Frau K. bei B auslöst. So erhält Frau K. nicht nur Informationen über die mögliche Bedeutung ihres Ärgers für B, sondern B erhält Informationen über die mögliche Intention von Frau K. Frau K. und B erhalten somit eine Rückmeldung über ihre Beziehung aus Sicht der dritten Person C (vgl. Reich 2008).

5.1.3 Soziale Netzwerke

Eine Erweiterung des systemischen Ansatzes stellt der Netzwerkansatz dar, mit dem Muster und Strukturen sozialer Beziehungen, sogenannte Beziehungsgeflechte, beschrieben werden können. Das Konzept des sozialen Netzwerkes entstand in den Sozialwissenschaften (vor allem in der Soziologie). Urheber des Konzeptes ist John Barnes, der es im Jahr 1954 erstmals als analytisches Instrument zur Erfassung des Aufbaus sozialer Gefüge in einer norwegischen Hafengemeinde nutzte (vgl. Zwicker-Pelzer 2004, S. 1 ff.).

Zur begrifflichen Verortung können fünf Aspekte von Netzwerken unterschieden werden (vgl. Schäffter 2001, S. 3 ff.): Neben Informationsnetzen und Versorgungsnetzwerken kann auf Netzwerkanalysen zurückgegriffen werden. Hierunter fallen das vernetzte Denken und das vernetzte Lernen.

Für die Soziale Arbeit ergibt sich daraus, dass sie innerhalb verschiedener Netzwerke ihrer Adressat*innen aktiv wird, damit Beziehungen mitgestaltet bzw. ein Ausstieg aus krankmachenden Systemen ermöglicht werden kann. Dabei lassen sich drei unterschiedliche Typen von sozialen Netzwerken herausarbeiten und zwar das primäre, das sekundäre und das tertiäre Netzwerk. Primäre Netzwerke werden auch als mikrosoziale Netzwerke bezeichnet, weil sie ihren Ort in den mikrosozialen Lebensbereichen der Individuen haben. Sie umfassen also familiäre und lokale Netzwerke, in die man entweder hineingeboren wurde oder sich selbst ausgewählt hat. Neben Eltern, Geschwistern, Verwandten und Nachbar*innen gehören hier auch die Freund*innen dazu. Zum sekundären Netzwerk oder auch makrosozialen Netzwerk werden alle global-gesellschaftlichen Netzwerke gezählt. Hierbei handelt es sich überwiegend um soziale Institutionen wie Kindergarten, Schule, Hochschule, Arbeitsstelle, Freizeiteinrichtungen und Dienstleistungsanbieter. Kurz gesagt, umfasst das makrosoziale Netzwerk alle privatwirtschaftlichen und öffentlich organisierten Netzwerke. Auf einer dritten Ebene, die sich zwischen den Mikro- und Makronetzwerken befindet, wird das tertiäre oder auch mesosoziale Netzwerk verortet. Ihm kommt eine vermittelnde Funktion zwischen dem primären und dem sekundären Netzwerk zu, damit diese Netzwerke beispielsweise gestaltend, politisch und öffentlich eingreifen können. Zu den tertiären Netzwerktypen zählen z. B. Selbsthilfegruppen und Nichtregierungsorganisationen (vgl. Eder 2012, S. 121 f.).

Zu klären ist jedoch: Was ist ein soziales Netzwerk? Der Ansatz betont, dass Menschen miteinander verknüpft sind. Personen werden als Knoten aufgefasst, Linien stehen für Beziehungen zwischen ihnen. Persönliche Netzwerke werden oft aus den direkten Kontakten der betreffenden Person zu den mit ihr verbundenen anderen Personen erstellt. Meistens gehören auch die Kontakte der anderen Akteure dazu, wodurch sich ein soziales System als Gesamtnetzwerk nachzeichnen lässt.

Gerade in spätmodernen Gesellschaften haben soziale Netzwerke an Bedeutung gewonnen (vgl. Keupp 2003, S. 1 f.). Denn mit ihnen sind Erwartungen verbunden, die sich auf gewünschte, aber nicht mehr zwingend gegebene Lebensweisen und Beziehungskonstellationen beziehen. In diesem Kontext kommt dem sozialen Netzwerkkonzept eine zentrale Stellung zu, da es häufig mit einer Funktion, die soziale Netzwerke haben können, gleichgesetzt wird. Dabei wird oft die Funktion der sozialen Unterstützung herausgearbeitet, die von emotionaler, kognitiver oder instrumenteller Art sein kann. Hierin drückt sich der Wunsch nach sozialer Eingebundenheit, Liebe, Zuneigung und Zugehörigkeit aus. Helga Pelizäus-Hoffmeister (2001, S. 47 f.) hat die Unterstützungsfunktionen in drei Kategorien zusammengefasst. Zunächst beschreibt sie *aktivitätsorientierte Interaktionen*. Hierzu zählen Unterstützungsleistungen in Form von Pflege, Arbeitshilfen, Gesellschaft, gemeinsame sportliche Aktivitäten etc. Davon wird der Bereich *Vermittlung von Kognitionen* abgegrenzt. Dieser umfasst nicht nur die Vermittlung eines Gefühls von Anerkennung und Zugehörigkeit, sondern auch die Vermittlung von sozialer Orientierung im Hinblick auf gesellschaftliche Werte- und Normvorstellungen. Schließlich werden unter der Bezeichnung *Vermittlung von emotional-expressiven Inhalten* Gefühle von Zuneigung, Intimität, Vertrauen und Geborgenheit gefasst.

Überlegen Sie, wann Sie das letzte Mal auf soziale Unterstützung angewiesen waren. Um welche Art von Unterstützung hat es sich gehandelt? Was haben Sie als hilfreich/nicht hilfreich erlebt?

Nach Gabriele Gerhardter (2001) enthalten Netzwerkanalysen

> »Beschreibungen sozialer Beziehungen und wie sie funktionieren, d. h. wie sie strukturell und inhaltlich aussehen, welche spezifischen Wesenszüge sie aufweisen. Außerdem versucht die Netzwerktheorie zu klären, unter welchen Bedingungen Netzwerke entstehen und vergehen und wie man dieses Wissen z. B. in der Sozialplanung oder in der Sozialarbeit anwendet.«

Zur Analyse haben sich die folgenden Bereiche herausgebildet:
- zeitliche, räumliche und soziale Bedingungen
- Interaktionskriterien
- strukturelle Merkmale (Größe, Dichte, Reichweite, Stabilität etc.)

Für die Beziehungsgestaltung sind in diesem Kontext vor allem die Interaktionskriterien von Bedeutung. Sie beschreiben die Eigenschaften von Verbindungen. Hierzu zählt zunächst die Reziprozität, worunter die Ein- bzw. Wechselseitigkeit der Beziehungen und die damit verbundenen Abhängigkeiten (symmetrische vs. asymmetrische Beziehung) verstanden werden. Weitere Faktoren stellen die Multiplexität, die Intensität sowie die Eingebundenheit in Rollen dar. Während sich die Multiplexität auf Akteure, die mehrfach auf unterschiedlichen Ebenen miteinander verbunden sind, bezieht, werden unter Intensität die unterschiedlich stark ausgeprägten Verbindungen innerhalb eines Netzwerkes verstanden. Schlussendlich bestimmt die Art der Verbindung (Inhalt, Richtung, Intensität) die Eingebundenheit in Rollen und Konstellationen innerhalb des Netzwerkes (vgl. Lauber-Pohle 2018, S. 21 ff.).

Die Bedeutung von sozialen Beziehungssystemen für Gesundheit, Wohlbefinden und Copingprozesse steht außer Frage! Netzwerkorientierte Beratung legt das Augenmerk auf die sozialen Einbindungen von Personen mit ihren unterstützenden und belastenden Funktionen für die Bewältigung von Problemen und krisenhaften Situationen. Ziel ist es, die sozialen Ressourcen im Lebensumfeld zu fördern. Netzwerkanalysen dienen dazu, vorhandene Netzwerke ausfindig zu machen. Ein Rahmenprinzip von Netzwerkarbeit stellt dabei die Förderung von Empowermentprozessen dar.

5.1.4 Anknüpfung an die Soziale Arbeit

Die drei vorgestellten theoretischen Ansätze stammen überwiegend aus dem Feld der Psychologie und stellen wesentliche Anknüpfungspunkte für die Soziale Arbeit dar. Für die professionelle Beziehungsarbeit können folgende Punkte in theoretischer und methodischer Sicht vereinfacht aus den vorgestellten Ansätzen festgehalten werden:

- Sozialarbeitende wirken innerhalb verschiedener Netzwerke ihrer Adressat*innen, damit Beziehungen mitgestaltet bzw. ein Ausstieg aus krankmachenden Systemen ermöglicht werden kann.
- Das Einlassen auf eine Beziehung folgt einer Kosten-Nutzen-Abwägung, d. h. für den*die Adressat*in sollte sich eine Nutzenmaximierung ergeben.
- Es gilt, der betreffenden Person zu verdeutlichen, dass es nicht nur einen, sondern immer mehrere Lösungswege für ihre Problemlagen gibt.
- Weil Systeme Regeln unterliegen, bestimmen diese auch die Beziehungen der Systemmitglieder untereinander und haben Auswirkungen sowohl nach innen als auch nach außen. Verändert sich eine Beziehung, wird das System insgesamt verändert. D. h. jede Veränderung hat wiederum Auswirkungen auf die einzelnen Mitglieder.
- Soziale Netzwerke nehmen oft eine soziale Funktion ein, die von emotionaler, kognitiver oder instrumenteller Art sein kann.

- Netzwerkanalysen beschreiben soziale Beziehungen und zeigen auf, wie sie strukturell und inhaltlich aussehen und welche spezifischen Wesenszüge sie aufweisen.

5.2 Beratung und Therapie – eine Abgrenzung

Nachdem in den vorherigen Kapiteln immer wieder die Begriffe »Beratung« und »Therapie« aufgegriffen wurden, erfolgt nun eine Auseinandersetzung mit den beiden Konzepten hinsichtlich ihrer Relevanz für die Soziale Arbeit. Nach wie vor erfreuen sich therapeutische Interventionen und Konzepte in der Sozialen Arbeit einer großen Beliebtheit. Dieses wird u. a. auch an dem weiten Feld an Zusatzausbildungen und -qualifikationen, beispielsweise zum*zur Sozialtherapeut*in oder Kinder- und Jugendpsychotherapeut*in, sichtbar. Dennoch besteht (nach wie vor) keine Einigkeit darüber, ob Beratung beispielsweise als »kleine Therapie« mit fließenden Übergängen zur Psychotherapie betrachtet werden kann oder ob nicht Psychotherapie vielmehr eine spezielle Form der Beratung darstellt.

Seit den 1970er-Jahren haben sich unterschiedliche Berufsgruppen wie Sozialarbeiter*innen, Psycholog*innen, Seelsorger*innen darauf spezialisiert, Menschen bei unterschiedlichen psychosozialen Problemen und Konflikten professionell zu beraten. Damit ging und geht eine Institutionalisierung von staatlichen, privatwirtschaftlichen und konfessionellen Einrichtungen einher.

Eine erste Annährung an den Begriff »Beratung« findet sich auf der Homepage der Deutschen Gesellschaft für Beratung (2003, S. 3):

> »Beratung kann sich sowohl auf Personen und Gruppen in ihren lebens- und arbeitsweltlichen Bezügen als auch auf Organisationen beziehen. Sie befasst sich auf einer theoriegeleiteten Grundlage mit unterschiedlichen Entwicklungsaufgaben und multifaktoriell bestimmten Problem- und Konfliktsituationen. [...] Diesem Beratungsverständnis liegt ein sozialwissenschaftlich und interdisziplinär fundiertes Handlungskonzept zu Grunde, das tätigkeitsfeld- und aufgabenspezifisch ausdifferenziert wird. Deshalb ist Kooperation und Vernetzung unterschiedlicher Berufsgruppen und Einrichtungen notwendiger Bestandteil der Beratungstätigkeit. Beratung ist subjekt-, aufgaben- und kontextbezogen. [...] Beratung grenzt sich von anderen professionellen Interventionsformen ab. Beispiele sind: Die Informationsvermittlung in der Medizin, das Case Management in der Sozialen Arbeit oder die handlungsanleitende Beratung bei der Gewährung von materiellen

> Leistungen in der Sozialhilfe, die Rechtsberatung und die Psychotherapie (heilkundliche Behandlungen entsprechend PsychThG und HPG).«

Dieses Beratungsverständnis kann als übergreifend für die unterschiedlichen Beratungssettings und Methoden aufgefasst werden. Neben dieser eher allgemeinen Begriffsannährung finden sich in der Literatur ebenfalls Annährungsversuche zu verschiedenen Beratungsformen. Peter Busch (2011, S. 28 f.) widmet sich beispielsweise der psychosozialen Beratung. Diese bezieht sich meist auf Hilfen bei problembehafteten Erlebnissen in der Lebenswelt der betreffenden Personen und fokussiert traditionell die Lösung von psychosozialen Problemen. Aber auch hier zeigt sich das Problem der unterschiedlichen Disziplinen, da der Begriff sowohl auf alltagsorientierte Bewältigungshilfe als auch auf therapeutische Intervention bezogen wird.

Allgemein gesagt kann Psychotherapie als Behandlung von psychisch kranken Menschen mittels Gesprächen oder übender Verfahren aufgefasst werden (vgl. Lieb 2016, S. 1 ff.). So versteht beispielsweise Stumm (2000, S. 569) unter Psychotherapien »ein Heilverfahren zur Behandlung von psychosozial bedingten psychischen bzw. psychosomatischen Erkrankungen, Störungen bzw. Leidenszuständen, hat aber auch präventive bzw. emanzipatorische, entwicklungs- und gesundheitsfördernde Funktion.« Nach dem Psychotherapeutengesetz wird unter Psychotherapie jede therapeutische Tätigkeit mittels wissenschaftlicher Verfahren verstanden, die zur Feststellung, Heilung oder Linderung von Störungen mit Krankheitswert zur Anwendung kommt.

Sichtbar wird, dass es sowohl Schnittmengen als auch Abgrenzungen zwischen Beratung und Therapie gibt. Denn bei beiden Verfahren handelt es sich um eine professionelle Helfer*innenbeziehung, die auf Kommunikation und interaktiven Wechselwirkungen aufbaut. Beide müssen daher einer öffentlichen Diskussion über Konzepte unterliegen. Ebenfalls spielen bei beiden Hilfeformen asymmetrische Verhältnisse eine Rolle, weshalb die Reflexion dieser Machtverhältnisse sowie der Freiwilligkeit und Selbstverantwortung der Adressat*innen besondere Aufmerksamkeit gewidmet werden muss. Daneben sind beide Professionen in Berufsverbänden organisiert, sodass u. a. Ausbildungskriterien, Professionsverständnis, ethische Richtlinien geregelt sind.

Die Darstellung der Gemeinsamkeiten enthält keinen Anspruch auf Vollständigkeit, diese lassen sich bestimmt noch weiter fortsetzen. Ähnlich sieht es bei den Unterschieden aus. Hier ist zuallererst die rechtliche Situation zu beachten. Denn hier kommt der Begriff der Heilbehandlung zum Tragen. Die Grenze zwischen Beratung und Psychotherapie ist also gekoppelt an die Grenze zwischen gesund und krank, denn es ist klar, dass Berater*innen für Krankenbehandlungen nicht ausgebildet und daher auch nicht befugt sind. Dieses geht sowohl aus dem Psychotherapeutengesetz als auch aus dem Heilpraktikergesetz hervor. So gehört die Beratung nicht zu den Heilberufen und ist demzufolge keine Behandlung krankheitswertiger Störungen (vgl. Stimmer 2016). Für Berater*innen bedeutet dies, dass sie Wissen um Krankheitsbilder haben sollten, um abklären zu können, ob eine Verstimmung, eine krisenhafte Situation oder gar eine krankheitswertige Störung vorliegt, um dementsprechend handeln bzw. weitervermitteln zu können. Bei ihnen steht also nicht die Behandlung einer Krankheit im Vordergrund, sondern es geht vielmehr um die Folgen der Erkrankung auf die Lebenssituation. Eine weitere wesentliche Differenz zeigt sich im Zugang. Während es sich bei der Psychotherapie um einen relativ hochschwelligen Zugang mit oft langen Wartezeiten handelt, ist er bei der Beratung eher niedrigschwellig anzutreffen. Daneben kann bei der Therapie vergleichsweise ein längerer Zeitraum notwendig werden als bei der Beratung. Außerdem werden mit der Therapie eher freiwillige Personen assoziiert, die eine größere Eigenmotivation mitbringen als Adressat*innen von Beratungsangeboten (vgl. Beushausen 2014, S. 19).

Fallbeispiel

Ihre psychosoziale Beratungsstelle sucht ein 44-jähriger Geschäftsmann, Herr W., auf. Er macht einen ziemlich gestressten und müden Eindruck. Er kommt gleich zum Punkt seines Besuches: Er wisse einfach nicht mehr weiter, er fühle sich »ausgebrannt«, könne schlecht schlafen und sich kaum noch konzentrieren. Unterschiedliche Umstrukturierungsmaßnahmen in seiner Firma, der Wechsel von Mitarbeiter*innen und abgesagte Aufträge haben dazu geführt, dass er immer mehr gearbeitet habe. Seine Ehefrau mache ihm ständig Vorwürfe, weil er sich kaum noch am Familienleben mit der 3-jährigen Tochter beteilige. Er fühle sich wie »ferngesteuert« und habe einfach keine Lebensfreude mehr. Er erinnert sich, dass es ihm in der Schulzeit schon einmal so ähnlich gegangen sei.

Nachdem, was Sie nun über Beratung und Psychotherapie erfahren haben, wie würden Sie im Fall von Herrn W. vorgehen? Begründen Sie Ihre Handlung.

Vielleicht haben Sie den Fall so gelöst, dass Sie in Ihrer Funktion als Berater*in mit Herrn W. zusammenarbeiten werden. Vielleicht haben Sie sich dazu zu Recht entschlossen. Möglicherweise geht es aber nicht nur um ein Burn-out-Syndrom, sondern um eine depressive Episode. Bei einem Burn-out könnten Sie gemeinsam nach Bewältigungsstrategien schauen, z. B. nach einem erholsamen Urlaub im Grünen fernab von Hektik oder einer Veränderung der Alltagsstruktur und Belastung. Bei einer depressiven Störung würde das kaum weiterhelfen.

Sichtbar werden bei beiden Verfahren auf jeden Fall unterschiedliche Akzentsetzungen. Die Übergänge sind fließend. Nach wie vor gibt es keine übergreifende Einigkeit, wo genau die Gemeinsamkeiten und wo genau die Unterschiede liegen. Deshalb bleibt festzuhalten, dass die Wahrung von Autonomie und Selbstbestimmung sowie die Orientierung an den Bedürfnissen und an den Zielen der Adressat*innen sowohl bei der Therapie als auch bei der Beratung unter Beachtung eines wertschätzenden, kooperativen und gleichberechtigten Umgangs im Mittelpunkt stehen sollten.

5.3 Wissenschaftliche Erkenntnisse zur Beziehungsarbeit

Im Jahr 2016 ist aus der Dissertation von Anna Riegler die Publikation »Anerkennende Beziehung in der Sozialen Arbeit« hervorgegangen. Im Mittelpunkt ihrer Forschung steht die Frage, inwieweit eine anerkennende Beziehungsgestaltung über entsprechende sozialarbeiterische Interventionen einen Beitrag zur sozialen Gerechtigkeit leisten kann bzw. inwieweit Interventionen zur Verfestigung von Verhalten führen können.

Zunächst beschäftigt sich Riegler (2016, S. 17 ff.) mit unterschiedlichen Theorien sozialer Gerechtigkeit mit Fokus auf Befähigung und anerkennende Verhältnisse. Dabei verweist die Autorin immer wieder auf ihr Verständnis von Sozialer Arbeit als Gerechtigkeitsprofession. Ausgangspunkt ihrer Überlegungen ist der Capability-Ansatz vom Amartya Sen (1992), der um die Ansichten von Martha Nussbaum (1999) erweitert wird. Ergänzungen finden die beiden Theorien um die Anerkennungstheorie von Axel Honneth (1992).

Daran anknüpfend stellt Riegler (2016, S. 103 ff.) einen Bezug zur Sozialen Arbeit her. Sie verweist auf die Lebensweltorientierung von Hans Thiersch (1992) und die Sozialraumorientierung nach Fabian Kessl und Christian Reutlinger (2007). In ihrem Zwischenresümee kommt die Autorin zu dem Schluss, dass neben strukturellen Einflüssen (wie freiwilliger bzw. unfreiwilliger Kontext) funktionale und personale Bedingungen auf die Beziehungsgestaltung wirken. Sie benennt das Doppelte Mandat und geht in diesem Zuge auf asymmetrische

Verhältnisse ein. Im personalen Bereich betrachtet Riegler (2016, S. 124 ff.) eine zutrauende Haltung sowie eine emotionale Bezogenheit als elementar, um eine tragfähige und vertrauensvolle Beziehung aufzubauen. Hierzu gehöre auch die Fähigkeit zur Distanzierung von Problemen mithilfe einer reflexiven Arbeitsweise. Kompetenzen, wie das Anwenden von Beratungsmethoden sowie das Vorhandensein von Sozial-, Selbst- und Beziehungskompetenz, seien genauso zentral wie eine verständigungs- und erfolgsorientierte Haltung. Aus diesem Zusammenspiel könne eine tragfähige Arbeitsbeziehung entstehen.

Aufbauend auf diesen theoretischen Grundlagen formuliert Riegler (2016, S. 143 ff.) eine Reihe von Ansprüchen an eine anerkennende Beziehungsgestaltung in der Sozialen Arbeit. Neben Selbstverwirklichung und der Förderung von Autonomie seien das Zutrauen in Fähigkeiten, die Anerkennung der Person, die Wahrung der Menschenwürde, die Selbstachtung sowie die Teilung der Verantwortung im Hilfeprozess wesentlich. Darüber hinaus zeige sich eine anerkennende Beziehungsgestaltung darin, dass keine soziale Vorverurteilung existiere und eine emotionale Zugewandtheit unter Wahrung eines ausgewogenen Nähe- und Distanzverhältnisses bestehe. Das Anerkennen von Schwäche und Hilfebedürftigkeit sei als normal zu betrachten und zeige eine akzeptierende Haltung gegenüber der Lebensweise sowie eine Statusgleichheit von Person zu Person.

Im Rahmen ihrer Studie hat Riegler Erhebungen in fünf Einrichtungen durchgeführt. Die Ergebnisse fasst sie anhand von Beziehungsfiguren im Sinne einer Begegnung von Mensch zu Mensch unter Einbezug von Gesprächssequenzen zusammen (2016, S. 174 ff.):

- Beziehung als ein Pendeln zwischen funktionaler Asymmetrie
- Beziehung als ein Gegenüberstehen von hierarchischer Distanziertheit
- Beziehung als Begegnung im hierarchischen, beweisführenden und sich beweisen müssenden Verhältnis
- Beziehung als ein Pendeln zwischen funktionaler Asymmetrie und der sympathisierenden Begegnung
- Beziehung als Begegnung zwischen direktiv versorgender Anleitung und widerständiger Autonomie

Bezüglich der Erlernbarkeit anerkennender Beziehungsgestaltung schlägt Riegler (2016, S. 295) vor, die soziale Praktik der anerkennenden Beziehungsgestaltung in den ethischen Richtlinien des Berufsverbandes festzuhalten, um sie dann vor allem in Lehrveranstaltungen mit selbstreflexiven Anteilen einzuüben.

 Fassen Sie kurz zusammen, was aus Ihrer Sicht für die professionelle Beziehungsgestaltung wichtig ist.

Für die praktische professionelle Beziehungsgestaltung können insbesondere folgende Punkte mitgenommen werden:

- Teilen von Verantwortung
- transparenter Umgang mit Macht
- symmetrische Beziehung
- Förderung von Autonomie
- emotionale Zugewandtheit
- Haltung im Sinne von Anerkennung von Hilfeleistungen als Normalität
- Vertrauen und Zutrauen

Ein weiteres Werk mit dem Titel »Professionelle Beziehungen in der Sozialen Arbeit« stammt von Regina Abeld aus dem Jahr 2017. Auch ihre Arbeit gliedert sich in einen theoretischen und einen empirischen Teil. Dabei geht sie folgenden Fragestellungen nach: Von welchen Aspekten hängt eine gelingende professionelle Beziehung ab? Wie verhalten sich darin Nähe und Distanz? Welche Relevanz besitzt diese Thematik im Studium und in der praktischen Arbeit? Welche Persönlichkeitseigenschaften benötigt eine Fachkraft? Der Fokus liegt dabei auf chronisch psychisch erkrankten Menschen. Abeld (2017, S. 23 ff.) nähert sich dem Thema, indem sie zunächst ihr Forschungsvorhaben vorstellt. Insgesamt hat sie neun leitfadengestützte Interviews und drei Gruppeninterviews mit den gleichen Adressat*innen geführt.

Daran anknüpfend beleuchtet Abeld (2017, S. 95 ff.) die ihrer Arbeit zugrunde gelegte Erkenntnistheorie des Integralen Ansatzes nach Ken Wilber (2001). Dieser Ansatz zielt auf die (Wieder-)Herstellung von Ganzheit. Weiter skizziert Abeld (2017, S. 133 ff.) die metatheoretische Bedeutung von Moderne und Postmoderne, um dann auf die strukturellen Dilemmata in Praxis und Wissenschaft Sozialer Arbeit einzugehen. Darauf aufbauend werden die Konzepte »Identität« und »Habitus« im Hinblick auf die professionelle Beziehungsgestaltung beleuchtet. Die Relevanz von Ethik und Moral für professionelle Beziehungen wird aufgegriffen, bevor Abeld auf das darauf aufbauende Konzept einer Integralen Professionellen Beziehungsgestaltung eingeht. Hier orientiert sie sich an den von Wilber formulierten vier Quadranten Individualität, Kollektivität,

Innen- und Außenraum von Beziehungen. Sie setzt diese mit folgenden Fragewörtern in Verbindung (Abeld 2017, S. 237 ff.):

- Was (Gegenstand)
- Wann (Befinden der*des Adressat*in)
- Wie (Qualität der Maßnahme)
- Warum (kurzfristige Begründung)
- Wozu (Hilfeplanziel)
- Womit (Haltung)

Abeld (2017, S. 255) kommt zu dem Schluss, dass eine gelingende professionelle Beziehung wie ein dritter Ort zu verstehen sei. Dazu führt sie u. a. folgende Begründungen an:

1. Zunächst könne sich im Rahmen des Arbeitsbündnisses die personale Identität der Adressat*innen rekonstruieren. So biete das Vorhalten eines Raumes einen Ort (d. h. ein Treffpunkt), an dem sich die betreffende Person leiblich und kognitiv-reflexiv spürbar ihrer Identität vergewissern könne.
2. Dann sei die professionelle Beziehung zugleich auch eine Bindungsbeziehung, die zum freien Explorieren der Adressat*innen notwendig und aufgrund gesicherter kontinuierlicher Gespräche möglich sei. Ebenso könne Bindungssicherheit nachträglich erworben werden.
3. Gleichzeitig fungiere die Arbeitsbeziehung als intermediärer Zugang zur Gesellschaft, weil sich die Adressat*innen durch die Anregung von Identitätsprozessen für Selbst- und Fremdstigmatisierungen sensibilisieren würden. Je mehr sich die Person mit sich im Einklang befinde, desto wirksamer und selbstbestimmter erlebe sie sich.
4. Im Rahmen der Arbeitsbeziehung könne Verstehen und Nicht-Verstehen ausgehalten werden.
5. Schließlich zeichne sich die professionelle Beziehung dadurch aus, dass die betreffende Person von der »Last des Empfangens« befreit sei. Damit ist gemeint, dass aus professioneller Sicht keine Erwartungen hinsichtlich Dankbarkeit, Freundschaft, Sich-Fügen etc. bestehen. Es ergebe sich nicht die Pflicht, etwas zurückzugeben.

Festzuhalten bleibt, dass es sich bei Abelds Veröffentlichung um ein theoretisches Werk zu professionellen Beziehungen in der Sozialen Arbeit handelt, welches sich mit Grundlagenthemen, wie Habitus, Identität, Selbstverständnis, auseinandersetzt.

Für die praktische professionelle Beziehungsgestaltung können insbesondere folgende Punkte mitgenommen werden:

- Vorhalten eines Raums für Begegnungen
- Anregung von Identitätsprozessen
- kontinuierliche Gespräche
- Vertrauen
- Akzeptanz von Verstehen und Nicht-Verstehen
- keine Verpflichtungen hinsichtlich professioneller Erwartungen

Silke Brigitta Gahleitner hat sich ebenfalls intensiv mit der professionellen Beziehungsgestaltung in der Sozialen Arbeit beschäftigt (»Soziale Arbeit als Beziehungsprofession« von 2017 und »Professionelle Beziehungsgestaltung in der psychosozialen Arbeit und Beratung« von 2019). Weil beide Bücher sich von den Inhalten ähneln und zum Teil überschneiden, wird nachfolgend das erstgenannte Buch – ein Grundlagenwerk – vorgestellt.

Mithilfe verschiedener Studien hat sich Gahleitner der Frage nach den Einflussgrößen auf die professionelle Beziehungsarbeit genähert und möchte diese mit bereits existierenden Konzepten aus der Sozialen Arbeit und ihren Bezugswissenschaften in ein Verhältnis setzen. Ihr Fokus liegt dabei auf *hard-to-reach*-Personen, also Menschen, die auch von der Sozialen Arbeit schwer zu erreichen sind. Zunächst beschäftigt sich Gahleitner (2017, S. 17 ff.) mit gesundheitlichen Überforderungen durch psychosoziale Verarbeitungsprozesse aktueller Lebensverhältnisse, um sich dann mit der theoretischen Seite notwendiger Kompetenzen und Wissensbestände auseinanderzusetzen, die professionell Helfende für eine angemessene Unterstützung betreffender Personen benötigen. Hierfür greift sie nicht nur auf Konzepte pädagogischer und therapeutischer Bindungsgestaltung zurück, sondern geht auch auf Konzepte der Bindungstheorie sowie auf Ansätze zu sozialen Netzwerken ein (vgl. Gahleitner 2017, S. 34 ff.).

Im Anschluss stellt Gahleitner (2017, S. 142) die Ergebnisse aus drei abgeschlossenen Forschungsprojekten vor. Dabei ist sie vor allem der Frage nachgegangen, welche positiven Einflüsse und Wirkungsbedingungen eine »gute Beziehungsgestaltung« und soziale Integration ermöglichen und wie sich diese Einflussfaktoren in bestehende Konzepte einarbeiten und ggf. weiterentwickeln lassen.

Die Ergebnisse verdeutlichen, dass das Gelingen von Hilfe eine authentische, emotional tragfähige, von Nähe geprägte und dennoch reflexiv und fachlich durchdrungene Diagnostik und Beziehungsgestaltung erfordert (vgl. Gahleitner 2017, S. 13). Persönliche Beziehungsdimensionen können als Alternativerfahrungen zu früheren Beziehungserschütterungen verstanden werden. Sollen diese Alternativerfahrungen jedoch den Weg zurück in soziale Zusammenhänge bahnen, müssen sie zusätzlich im primären, sekundären und tertiären Netzwerkgefüge verankert werden.

Ein zentrales Ergebnis ihrer Analysen im Hinblick auf die Fragestellung ist, dass für professionell Helfende ein umfassendes Wissen über professionelle Beziehungsgestaltung Grundlage ihres Handelns ist. Aufbauend auf einer dialogischen und authentischen Begegnung, der Umfeldorientierung sowie der Vernetzung der an einem Fall beteiligten Akteur*innen bedarf es der fachübergreifenden Integration und Ergänzung unterschiedlicher Wissensbestände. Dieses setzt Gahleitner (2017, S. 234 ff.) um, indem sie Verbindungsdiskurse aufgreift. Sie resümiert, dass im Beziehungsgestaltungsprozess die

> »umfassende Hilfe wie aus einer Hand kommen, stets auf struktureller wie psychosozialer Ebene zugleich Vertrauen und neue, tragfähige Möglichkeiten schaffen [muss]. Nur dann wirken die bindungsstarken dyadischen Ausgangsbeziehungen in das Umgebungs- und Institutionsnetzwerk hinein. [...]. Nur persönlich geprägte Beziehungen mit einem gewissen Ausmaß von Intimität, Vertrauen und Kontinuität bieten die Chance zum Aufbau eines solchen tragfähigen Netzwerks« (Gahleitner 2017, S. 234).

Weiterhin hält Gahleitner (2017, S. 286) zum Abschluss Erkenntnisse in fünf Voraussetzungen für eine gelungene Beziehungsarbeit fest:

1. Eine authentische, emotional tragfähige, persönlich geprägte, reflexive und fachlich begründete Beziehungsgestaltung ist wesentlicher Faktor für ein professionelles Arbeitsbündnis.
2. Besonders am persönlichen Anteil der helfenden Beziehung würde sich die Wirkung der helfenden Beziehung zeigen (»Vertrauen ermöglichen«).
3. Eine weitere wesentliche Größe sind Bindungsphänomene. Durch neue, sichere Erfahrungen können professionell Helfende die Öffnung für ein neues Explorationssystem ermöglichen, damit ist die Fähigkeit gemeint, sich dem Hilfeprozess zu öffnen und dementsprechend Veränderungsprozesse zuzulassen. Es geht also um eine gelungene Balance zwischen Bindung und Exploration.
4. Professionelle Hilfe sollte ebenfalls sowohl auf struktureller als auch auf psychosozialer Ebene Vertrauen schaffen und die Adressat*innen in soziale Netzwerke einbinden. Dazu gehören das soziale Umfeld sowie institutionelle Orte.
5. Die Fähigkeit, Vertrauen herzustellen, müssen professionell Helfende fachlich absichern.

Darüber hinaus verweist Gahleitner (2017, S. 309 f.) darauf, dass psychosoziale Fachkräfte im Handlungsfeld einen Kompromiss zwischen dem Ausfüllen formaler Berufsrollen finden und sich zugleich als ganze Person auf die Beziehung einlassen müssen. In diesem Zusammenhang kommt sowohl der Regulierung von Nähe und Distanz als auch dem Zusammentragen von interdisziplinären Wissensbeständen und der reflexive Einbezug eigener Bindungs- und Beziehungserfahrungen eine wesentliche Bedeutung zu.

Zum Abschluss stellt Gahleitner (2017, S. 299 ff.) ein Prozessmodell für eine professionelle Beziehungsgestaltung in psychosozialen Arbeitsfeldern vor, welches die Voraussetzungen für eine professionelle Beziehungsgestaltung veranschaulicht. Ausgangspunkt stellt für die Autorin das diagnostische Fallverstehen dar, das Basis für eine authentische, empathische und wertschätzende, persönlich geprägte und reflexive Beziehung ist. In der Folge kann die dyadische Beziehungs- und Bindungsdimension wiederum sekundäre und tertiäre Netzwerke durchdringen, sodass sich ein vertrauensvolles professionelles Umgebungsmilieu entwickeln kann.

Für die praktische professionelle Beziehungsgestaltung können folgende Punkte mitgenommen werden:

- authentische, wertschätzende, akzeptierende Haltung
- feinfühliges Handeln
- persönliche Anteile einbringen
- emotionale Sicherheit geben
- Vertrauen aufbauen
- reflexives Handeln
- Kenntnisse über interdisziplinäre Wissensbestände
- Exploration ermöglichen
- sichere Bindungserfahrungen zulassen
- Regulation des Nähe-Distanz-Verhältnisses
- Kontinuität im Hilfeprozess

Aus den drei zentralen, vorgestellten Werken zum Thema »professionelle Beziehungsgestaltung« können folgende Einflussgrößen für das Arbeitsbündnis in psychosozialen Arbeitsfeldern gebündelt werden:

Rahmenbedingungen

- Kontinuität im Hilfeprozess

- Vorhalten eines Raums für Begegnungen
- kontinuierliche Gespräche

Persönlichkeit des*der Sozialarbeitenden betreffend

- persönliche Anteile einfließen lassen
- keine Verpflichtungen hinsichtlich professioneller Erwartungen

Professionalität (Wissen - Können - Haltung)

- *Wissen:* Kenntnisse über interdisziplinäre Wissensbestände
- *Können:* Anregung von Identitätsprozessen, Förderung von Autonomie, Teilung von Verantwortung, transparenter Umgang mit Macht/symmetrische Beziehung, feinfühliges Handeln, Exploration ermöglichen, sichere Bindungserfahrungen zulassen, reflexives Handeln
- *Haltung:* Authentische, wertschätzende, akzeptierende Haltung, Anerkennung von Hilfeleistungen als Normalität, Akzeptanz von Verstehen und Nicht-Verstehen

Schnittmengen: Persönlichkeit des*der Sozialarbeitenden betreffend - Professionalität

- Regulation des Nähe-Distanz-Verhältnisses
- Vertrauen und Zutrauen
- emotionale Sicherheit und Zugewandtheit

5.4 Auf einen Blick

Obwohl Soziale Arbeit als Beziehungsprofession verstanden werden kann, ist es erstaunlich, wie wenig Literatur und Studien zu diesem Thema existieren. Vielmehr entsteht der Eindruck, dass es von der jeweiligen Persönlichkeit des*der Sozialarbeitenden abhängt, inwiefern es zu einer guten Arbeitsbeziehung kommt. Ein Blick »über den Tellerrand« zeigt uns, dass die Psychologie schon lange die Wirksamkeit der therapeutischen Beziehung erkannt hat. Hier lassen sich viele wertvolle Anregungen und Erkenntnisse finden und für die Profession Soziale Arbeit nutzbar machen. Dabei ist es wichtig, sich die Gemeinsamkeiten und Unterschiede zwischen einer Beratung und einer Therapie bewusst zu machen.

Um sich der Thematik »Beziehungsgestaltung« zu nähern, bietet sich im B. A.-Studiengang beispielsweise folgender Aufbau eines Seminars an:

- Grundlagen Sozialer Arbeit
- Sozialarbeiterische Kompetenzen
- Soziale Kompetenzen
- Beziehungsfähigkeit und -gestaltung

Abb. 5: Beispiel für den Aufbau eines Seminars (eigene Darstellung)

Neben Seminaren, die sich mit den Grundlagen der Profession Sozialer Arbeit beschäftigen, eignen sich als Lernorte ebenfalls Seminare und Übungen mit Praxisbezug, z. B. begleitende Veranstaltungen zum Praktikum oder Projektwerkstätten. Aber auch Vertiefungsfächer sind denkbar. Während beispielsweise die ersten beiden Semester dazu genutzt werden können, theoretische Grundlagen in Bezug auf sozialarbeitswissenschaftliches Wissen, methodische Handlungskompetenz (Konzepte und Methoden der Sozialen Arbeit) und Adressat*innen der Sozialen Arbeit (z. B. verhaltensauffällige Kinder und Jugendliche, suchterkrankte Menschen, wohnungslose Personen) zu vermitteln, bietet sich in anschließenden Semestern eine praxisorientierte Vertiefung exemplarisch in einem Arbeitsbereich an. Dazu ein Beispiel aus meiner eigenen Lehrpraxis:

Im Rahmen der Vertiefung »Sozialpsychiatrie« sieht der Semesterplan anfangs vor, dass Hintergrundwissen zur Entwicklung der Sozial- und Gemeindepsychiatrie sowie das damit einhergehende Gesundheits- und Krankheitsverständnis vermittelt werden. In einem nächsten Schritt findet eine Auseinandersetzung mit Menschenbildern im psychiatrischen Kontext statt, um sich anschließend mit dem Alltag und der Lebenswirklichkeit von Menschen mit einer psychischen Erkrankung zu beschäftigen. Daran anknüpfend werden max. drei Exkursionen zu gemeindepsychiatrischen Institutionen durchgeführt. Die Studierenden erhalten im Vorfeld je Kleingruppe eine für die Beziehungsgestaltung relevante Fragestellung wie:

- Welche Haltung zeichnet die professionell Helfenden in der jeweiligen Einrichtung aus?
- Wie viel Nähe bzw. wie viel Distanz wird in dem jeweiligen Setting als professionell betrachtet?

- Wie wird versucht, Vertrauen zu den Adressat*innen aufzubauen?
- Welche Rolle nehmen kommunikative Kompetenzen in der jeweiligen Institution ein?

Durch die Verteilung der Arbeitsaufträge im Vorfeld können die Studierenden einen eigenen Zugang zur Thematik wählen, indem sie beispielsweise konkrete Fragen vorbereiten, sich theoretisches Wissen aneignen usw.

Nachdem die Exkursionen abgeschlossen sind, werten die Kleingruppen ihre Aufgabe aus und stellen sie im Plenum vor. Anschließend ist genug Zeit zur Diskussion und Reflexion zu geben. Ausgewählte Themen werden exemplarisch in Rollenspielen mit dem Ziel verknüpft, die Komponenten Wissen – Können – Haltung miteinander zu verbinden und ein Gefühl für die professionelle Beziehungsgestaltung zu erhalten.

Festzuhalten ist: Es gibt kein Patentrezept dafür, wie Beziehungsarbeit lehrbar gemacht werden kann! Viel wichtiger erscheint, dass im Rahmen der Hochschullehre genügend Lernorte geschaffen werden, in denen Aneignungsprozesse angestoßen, begleitet und reflektiert werden können – in Abkehr von der reinen Wissensvermittlung.

6 Gestaltung einer professionellen Arbeitsbeziehung

Dieses Kapitel widmet sich nun der exemplarischen Veranschaulichung und sorgt für Praxisnähe. Hierfür ist es unabdingbar, sich mit den Grundlagen für eine professionelle Arbeitsbeziehung vertraut zu machen. Denn bevor es überhaupt zu einem tragfähigen Arbeitsbündnis kommen kann, steht die Frage nach dem »Wie miteinander ins Gespräch kommen und im Gespräch bleiben«. Gesprächstechniken sind in diesem Sinne als Fertigkeiten zur Realisierung der Beziehung zu verstehen.

Aus diesem Grund geht es zunächst kurz um die Basics der Gesprächsführung, um im nächsten Schritt zwei spezielle Gesprächsformate in Form der lösungsorientierten Beratung und der motivierenden Gesprächsführung darzustellen. An dieser Stelle sei darauf hingewiesen, dass es unzählige und zum Teil auch widersprüchliche Strategien der Gesprächsführung gibt. Die Frage, welche Technik der Gesprächsführung wann gewählt werden sollte, ist von mehreren Faktoren abhängig und kann nur vor dem Hintergrund der Persönlichkeit und der Problematik der Adressat*innen, der jeweiligen Situation usw. beantwortet werden. Somit können verschiedene Techniken bei einer Person zu einem gegebenen Zeitpunkt, je nach Kontext und Zielrichtung, richtig und hilfreich sein, genauso wie sie wiederum auch unpassend erscheinen mögen. Anschließend erfolgt eine modulartige Aufgliederung der Einflussgrößen auf die sozialarbeiterische Beziehungsgestaltung in Form von acht Bausteinen, die sich aufgrund der bisherigen Literaturrecherche zum Thema als elementar herauskristallisiert haben. Zum Abschluss wird auf die Beziehungsarbeit in unterschiedlichen Kontexten eingegangen und anhand von Fallbeispielen vertiefend behandelt.

Nehmen Sie sich kurz Zeit und stellen Sie Überlegungen zu den nachfolgenden zwei Fragen an:

1. Welche Funktionen haben Gespräche und Gesprächsführung in der Sozialen Arbeit?
2. Welche Gesprächsformen in der Sozialen Arbeit sind Ihnen bekannt?

Das Gebiet der Gesprächsführung ist ein spezieller Teil der Kommunikationspsychologie. Hierunter wird die Kunst verstanden, Gespräche zu führen, zu beeinflussen, zu leiten und zu steuern. Zu den Funktionen von Gesprächen lässt sich festhalten, dass allein der soziale Kontakt bereits für viele Adressat*innen die Funktion der Entlastung und Unterstützung hat.

Darüber hinaus schafft die Wissensbildung im Gespräch oft notwendige Informationen und damit eine Basis für Einstellungsänderung. Ebenfalls ermöglicht die Rekonstruktion von erlebter Wirklichkeit die Bearbeitung von subjektiven Sichtweisen und Erlebensmustern der Adressat*innen. Neben Beratungsgesprächen gibt es noch zahlreiche weitere Gesprächsformen wie Feedbackgespräche, Hilfeplangespräche, Informationsgespräche, Krisengespräche, Supervisionen oder Teamgespräche.

6.1 Grundlagen der Beratung in der Sozialen Arbeit

Eine Annährung, was der Begriff »Beratung« meint, gibt Wolfgang Widulle (2012, S. 27 ff.). Er versteht hierunter ein spezifisches Gesprächsformat und grenzt es von der Gesprächsführung ab, die vielmehr eine Querschnittsmethode der Sozialen Arbeit darstellt. Merkmale guter Gesprächsführung sind, wenn das Gespräch sowohl zur Person als auch zur Situation und zum Kontext passt. Diese Stimmigkeit ist gegeben, wenn klar ist, wie es zu dieser Situation kommt (Vorgeschichte) und welchen Sinn es macht, dass ausgerechnet die beratende Person mit der jeweiligen Person das Thema bespricht.

Beraten ist zunächst eine verbreitete und alltägliche Form sozialer Interaktion, wenn beispielsweise Bekannte, Familienangehörige oder Kolleg*innen über lebenspraktische Fragen und Schwierigkeiten sprechen.

> »Beratung als psychosoziale oder sozialpädagogische Beratung lässt sich folglich definieren als offenes Orientierungsangebot zur Klärung individueller Probleme oder Entwicklungswünsche, die aus sozialen Anforderungen entstehen und den persönlichen, intimen Bereich der Personen betreffen bzw. irritieren. Beratung beruht auf der Freiwilligkeit ihrer Inanspruch-

nahme und stellt individuelle Orientierungsprobleme bzw. Krisen und deren Bewältigung ins Zentrum« (Großmaß o. J., S. 2).

Beratung gehört in informeller Weise zum gesellschaftlichen Leben dazu. So kommt es in allen Alltagskulturen vor, dass Menschen sich von lebenserfahreneren Personen »Rat holen«. Bereits aus diesem lebensweltlichen Zugang lassen sich zentrale Prinzipien in Form von Alltagsnähe, Freiwilligkeit sowie Verzicht auf Label wie beispielsweise »krank«, »problembehaftet« für Beratung ableiten. Beratung kann als ein Prozess der gemeinsamen Suche nach Lösungen, an dem Berater*in und Adressat*in beteiligt sind, verstanden werden. Entsprechend können Anlässe von Beratung Informationsbedarf, soziale Probleme oder Konflikte, Kriseninterventionen sowie fachliche Unterstützung sein (z. B. Konzeptentwicklung, Qualitätsentwicklung, Kosten-/Wirtschaftlichkeitsrechnung). Das Ziel der Beratung ist es, die Selbsthilfekräfte der ratsuchenden Person zu aktivieren und mit ihr gemeinsam Handlungskompetenzen zu erarbeiten, damit auch zukünftig der Zugriff auf eigene Fähigkeiten zur Problemlösung ermöglicht werden. Im Rahmen dessen werden neue Sichtweisen und Bewertungsmöglichkeiten vermittelt, um eine »Verselbständigung der Betroffenen zu bewirken« (Dörr 2005, S. 98). Inhaltlich werden sowohl lebenspraktische Fragen wie auch psychosoziale Konflikte und Krisen bearbeitet.

Das Besondere im Handlungsfeld Soziale Arbeit ist, dass Beratung nicht nur in eigens dafür vorgesehenen Beratungsstellen stattfindet, sondern als Querschnittsaufgabe der Sozialen Arbeit betrachtet wird. Damit findet sie in unterschiedlichen institutionellen Umgebungen statt. Einfluss auf die Ausgestaltung des Beratungsprozesses haben dann nämlich nicht nur die Trägerorganisation, der institutionelle Rahmen und die Zielgruppe, sondern auch das sozialarbeiterische Aufgabenfeld, das im Umfeld der Beratung vorwiegend ausgeübt wird, die räumlich-geografische Umgebung des Beratungsangebotes sowie die Person des*der Berater*in. Grundlegend für die Beratungsbeziehung ist, dass die beratende Person Interesse an der hilfesuchenden Person, ihren Anliegen und Problemen hat und sie als gleichberechtigte*n Partnerin betrachtet.

Es geht um das bedingungslose An- und Ernstnehmen des Gegenübers (auch mit schwierigem Verhalten, Gedanken, negativen Emotionen). Durch den Fokus auf die Äußerungen der ratsuchenden Person soll diese Raum und Gelegenheit bekommen, sich zu öffnen, Mut zu gewinnen und sich zu entfalten.

Es gibt eine Reihe von Techniken, um gute Gespräche zu führen. Dazu gehört zunächst, sich selbst in einer professionellen Art und Weise präsentieren und benehmen zu können (Erscheinungsbild, Selbstpräsentation, Kontaktaufnahme als »Fachkraft«). Aktives Zuhören, hilfreiches Fragen, das Verbalisieren des emotionalen Erlebens sind genauso wichtig wie erforschendes Fragen (statt interviewartig), Aussagen in Fragen, Fragen in Aussagen umwandeln können, die Geschichte und Situation von zu Beratenden mit Interesse zu explorieren, mit Schweigen umgehen zu können sowie Verständnis und Respekt für verschiedene Perspektiven zu zeigen.

 Im Laufe Ihres Studiums werden Sie sich mit unterschiedlichen Gesprächstechniken auseinandersetzen oder bereits auseinandergesetzt haben. Schreiben Sie auf, welche Fragetechniken Sie bisher kennengelernt haben. Fallen Ihnen hierzu auch Beispiele ein?

Eines der wichtigsten Mittel, um Gespräche aktiv zu gestalten, ist das aufmerksame Zuhören. Signale des Zuhörens zeigen sich meist von selbst, z. B. durch eine offene Körperhaltung, verstehende Laute wie »hm« oder »ja« sowie regelmäßiger Blickkontakt. Daneben stehen einem unterschiedliche Fragetypen zur Verfügung:

Offene Fragen

- Ziele: Raum für möglichst viel Informationsfluss; Motivation zur Fortsetzung des Gespräches schaffen
- Beispiele: »Was hat Sie dazu veranlasst, zu mir zu kommen?«, »Wie hat sich denn diese Situation abgespielt?«

Zirkuläre Fragen

- Ziele: Einschätzung der Auswirkungen des »Problemverhaltens«; akzeptierende, befreiende Wirkung; Skalierungsfragen
- Beispiele: »Was meinen Sie, wer in ihrem Umfeld macht sich die größten Sorgen?«, »Wenn Sie ihre Anspannung auf einer Skala von 0 bis 10 einschätzen sollen, wo befinden Sie sich gerade?«

Strategische und reflektierende Fragen

- Ziele: Erkennen von Einstellungen, richtungsgebend, konfrontierend; Initiierung von Veränderungsvorstellungen und -wünschen.
- Beispiele: »Sie haben mir nun erzählt, dass …Welche Auswirkungen hat das auf Ihr derzeitiges Leben?«, »Angenommen Sie tun es, was wird dann anders?«

Beziehungsfördernde Fragen

- Ziele: Entwicklung einer vertrauensvollen Beziehung
- Beispiele: »Sind Sie damit einverstanden, dass wir zunächst ... und dann ...?«, »Ich halte es für wichtig, dass ... Was denken Sie darüber?«

Daneben gibt es noch geschlossene Fragen. Sie dienen zwar der Strukturierung der Information, allerdings wird die selbstständige Darstellung eingeschränkt, weil die Fragen oft mit Ja oder Nein zu beantworten sind.

 Welche ungeeigneten Frageformen fallen Ihnen ein? Bitte nennen Sie pro Frage mindestens zwei Beispiele.

Zu den eher ungünstigen Fragetechniken zählen Suggestivfragen (Vorwegnahme der Antwort), Doppel-(Mehrfach-)Fragen, Überfallfragen, Fangfragen, sokratische Fragen, Wertungsfragen und Floskelfragen.

6.1.1 Lösungsorientierte Beratung

In der lösungsorientierten Beratung, die auf die systemische Beratung zurückzuführen ist, geht es kurz gesagt um gute Lösungen. Bereits in den 1970er-Jahren wurde dieser Ansatz von Insoo Kim Berg und Steve de Shazer erstmals vorgestellt. Die Wurzeln des Konzeptes gehen auf die Arbeiten von Erickson und Bateson zurück.

Bei der lösungsorientierten Beratung wird nicht das Problem in den Mittelpunkt gerückt, sondern die für eine Lösung des Problems vorhandenen Ressourcen sind von Interesse, d.h. die Ursachen müssen nicht bekannt sein. Probleme werden in diesem Sinne vielmehr als Ziele verstanden. Es geht um die Aktivierung von Selbsthilfefähigkeiten. Das Besondere bei dieser Denkweise ist: Es wird konsequent davon ausgegangen, dass jeder Mensch über die Fähigkeit verfügt, sein Leben aus eigener Kraft, mit eigenen Ressourcen und Kompetenzen positiv zu gestalten.

Beratung bedeutet nach diesem Ansatz, Unterstützung bei der Erweiterung oder gezielten Nutzung von vorhandenen Ressourcen zu erhalten. Die beratende Person ist somit nicht der*die »Problemlöser*in«, sondern versteht sich eher als Begleitung oder Moderator*in auf der Suche nach neuen Handlungsoptionen. Dafür werden zwischenmenschliche Problemlagen ganzheitlich in ihren vernetzten Zusammenhängen mit dem Ziel der Veränderung betrachtet. Sowohl das nähere als auch das erweiterte soziale Umfeld (Familie, Verwandtschaft,

Nachbarschaft, Arbeitsfeld, Schule und andere soziale Systeme) werden thematisiert und für die Lösung der Problematik nutzbar gemacht. Lösungsorientierte Beratung bedeutet für den*die Berater*in Respekt und Wertschätzung vor der betreffenden Person, ihren Werten und Entscheidungen.

Dem Konzept liegt ein humanistisches Menschenbild zugrunde. Dieses betrachtet den Menschen in seiner Einzigartigkeit, nimmt ihn in seiner leiblichen Existenz ernst und versteht ihn geistig als mit guten Gaben ausgestatteten Gestalter seiner Möglichkeiten (vgl. Fuchs 2011). Bamberger (2005, S. 48) beschreibt den gesamten Beratungsprozess als eine systematisch aufeinander aufbauende Abfolge von lösungsorientierten Fragen.

Ziele und Anliegen zu verfolgen, fällt leichter, wenn sie positiv formuliert sind wie »Davon möchte ich mehr …« oder »Das soll sich verbessern …«.

Geben Sie vier typische negative Ziele Ihrer Adressat*innen an. Was möchten sie in Zukunft nicht mehr tun? Was soll nicht mehr so sein?

Formulieren Sie diese Ziele bitte in positive Ziele um.

Die lösungsorientierte Beratung kann auf ein großes Methodenrepertoire zurückgreifen. Neben Reframing, Unterschiedsfragen, Skalierungsfragen und systemischen Fragen werden Komplimente, Hausaufgaben sowie Verschreibungen in der Form »Tue mehr von dem, was funktioniert, und nicht von dem, was nicht geht« eingesetzt. Ich-Botschaften, wiederholen, paraphrasieren, spiegeln und zusammenfassen sind ebenfalls hilfreiche Techniken.

De Shazer (1999, S. 74) sieht den Job von Beratenden im Kooperieren, um Veränderungen zu ermöglichen. So würden Personen, die sich mit ihren Problemen verstanden und wertgeschätzt fühlen, sich reaktiv wertschätzend auf die Beziehung einlassen können und motiviert bleiben. Es geht um eine vertrauensvolle Beziehung, in der die beratende Person nicht nur einen Perspektivwechsel anregt und die zu beratende Person in die Lage versetzt, mit eigenen Mitteln ihre Probleme zu lösen, sondern auch die Entwicklungen moderiert.

Der Ablauf einer lösungsorientierten Beratung kann folgende Phasen enthalten (vgl. Fittkau 2003, S. 147 ff.):

- Zielklärung
  In diesem Kontext werden zielführende Fragen gestellt. Nicht etwa »Welches Problem haben Sie?«, sondern »Wenn Sie in nächster Zeit von sich

sagen würden, dass das Problem nicht mehr besteht, was hat sich dann für Sie verändert?« (Zielfrage)
Oder die Wunderfrage kann zum Einsatz kommen: »Angenommen, es passiert ein Wunder, Sie wachen auf und Ihre Probleme sind gelöst. Woran merken Sie, dass das Wunder geschehen ist?«

- Fokussierung bisher erfolgreicher Lösungsstrategien
  »Wann in Ihrem Leben waren Sie Ihrem Ziel schon einmal deutlich näher als heute?« (Ausnahmefrage)
- Bewerten bisheriger Fortschritte
  »Sie befinden sich in einer schwierigen Situation. Wie schaffen Sie es, all das hinzukriegen, was Sie machen?« (Copingfrage)
- Erarbeitung nächster Schritte
  »Welches innere Bild kann Sie dabei unterstützen, einen Schritt in die gewünschte Richtung zu gehen? Auf welcher Stufe sind Sie gerade?« (Ressourcenfrage und Skalierungsfrage)
- Erreichte Teilziele markieren
  »Toll, wie Sie das geschafft haben.« (Komplimente machen)

 Zum Abschluss fühlen Sie sich zur Methode »Lebensbaum« eingeladen, die sowohl für die Gruppen- als auch für die Einzelarbeit geeignet ist. Sie bietet sich besonders an, den eigenen Standpunkt zu verorten und sich darüber bewusst zu werden, welche Ziele erreicht werden sollen. Ebenso ist die Methode dazu geeignet, die bisherige Zielerreichung zu reflektieren und sich über vorhandene Ressourcen Klarheit zu verschaffen.

Beim »Lebensbaum« wird mit Metaphern gearbeitet. Der Baum wird dabei in drei Bereiche aufgeteilt: Die Wurzeln stehen für die Energiequelle, der Stamm für die aktuelle Situation und die Krone für die individuellen Wünsche und Ziele.

Nehmen Sie sich nun ein großes Blatt Papier und Stifte und gestalten Sie Ihren eigenen Lebensbaum, indem Sie die Entwicklung Ihres bisherigen Lebens als Baum darstellen. Dabei können folgende Fragen hilfreich sein:

- Was gibt Ihnen Halt?
- Was hilft Ihnen dabei, Aufgaben zu erledigen?
- Was raubt Ihnen Energie?
- Was sind Ihre persönlichen Neigungen?
- Was möchten Sie einmal »ernten«?

Ebenfalls bieten sich Fragen nach dem Studium der Sozialen Arbeit an, sofern eine thematische Eingrenzung gewünscht ist.

Nach Fertigstellung des Bildes reflektieren Sie, wie der eigene Lebensbaum von Ihnen wahrgenommen wird: Was fällt auf? Was ist überraschend?

6.1.2 Motivierende Gesprächsführung

Bei der Methode »Motivierende Gesprächsführung«, kurz MI (engl. *motivational interviewing*), handelt es sich um einen zentralen Ansatz der Gesprächsführung in der Sozialen Arbeit. Die Begründer der MI sind der Psychologe William R. (»Bill«) Miller und Stephen Rollnick (2015). Wurde MI zunächst für den Suchtbereich entwickelt, hat sich inzwischen der Einsatzbereich dieser Methode erheblich erweitert und schließt ein breites Spektrum von Erlebens- und Verhaltensproblemen wie psychische Störungen, Delinquenz und somatische Erkrankungen ein.

Die Motivierende Gesprächsführung ist ein personenbezogener Beratungsansatz zur Lösung ambivalenter Einstellungen gegenüber Veränderungen. Ziel von MI ist es, die im*in der Gesprächspartner*in bereits vorhandene Eigenmotivation für eine Änderung freizusetzen und diese Motivation in Handeln zu überführen.

MI läuft grundsätzlich in zwei Phasen ab. In der ersten Phase wird die intrinsische Motivation für eine Veränderung aufgebaut. In der zweiten Phase wird die Selbstverpflichtung zur Veränderung verstärkt und es wird gemeinsam mit der betreffenden Person ein Plan zu deren Umsetzung entwickelt. Dabei stützt sich die MI auf vier Prinzipien, die als Leitlinien für den Dialog mit der betreffenden Person gelten können. Die Prinzipien lauten:

- Höre der ratsuchenden Person zu und versuche ihr Verhalten zu verstehen.
- Entwickle Diskrepanzen zwischen dem gegenwärtigen Verhalten der Person und ihren Zielen.
- Vermeide alles, was bei der betreffenden Person Widerstand auslösen könnte, und baue Widerstand ab, wenn er auftauchen sollte.
- Stärke die Zuversicht des*der Klient*in, sein*ihr Verhalten ändern zu können.

Hinter den einzelnen Gesprächstechniken und -prinzipien steht bei MI, wie bei jedem beraterischen Ansatz, eine bestimmte Haltung (Spirit). Nach Miller und Rollnick (2015) machen den *spirit of MI* folgende drei Komponenten aus:

- *Collabaration:* Hierunter wird eine partnerschaftliche und nicht-bevormundende Zusammenarbeit auf Augenhöhe verstanden.
- *Evocation:* Hierbei unterstützt die*der Berater*in die zu beratende Person dabei, herauszufinden, was sie selbst möchte bzw. was das Beste für sie ist.
- *Autonomy:* Bei der Wahrung der Autonomie geht es darum, dass die ratsuchende Person nicht in irgendeine Richtung gedrängt wird, sondern selbstbestimmt entscheidet und ihre Wahl- und Entscheidungsfreiheit respektiert wird.

Wesentlich für MI ist der Einsatz unterschiedlicher Methoden, wobei viel Wert auf offene Fragen, die Würdigung des Verhaltens oder der Äußerungen der ratsuchenden Person, das aktive Zuhören und das Zusammenfassen der zentralen Aussagen des Gespräches gelegt wird.

Beim aktiven Zuhören geht es darum, wie die beratende Person auf das Gehörte ihres Gegenübers reagiert. Ziel ist die Ergründung der Ambivalenz und das Anregen, mit dem Erzählen und Explorieren fortzufahren. Dafür wird auf die Techniken »paraphrasieren«, »verbalisieren«, »nachfragen« und »zusammenfassen« zurückgegriffen.

- Beim *Paraphrasieren* werden die Aussagen der betreffenden Person noch einmal in eigenen Worten wiedergegeben und nicht einfach nur wiederholt.
- Beim *Verbalisieren* werden die Emotionen des Gegenübers gespiegelt, wie »Ich merke, dass dich das Verhalten deiner Klientin verunsichert.«
- Beim *Nachfragen* geht es darum, ob man das Gehörte so verstanden hat, wie es vom Gegenüber gemeint war.
- Beim *Zusammenfassen* werden die gehörten Informationen kurz wiedergegeben.

Um die einzelnen Techniken intensiv üben zu können, benötigen Sie eine*n Partner*in. Vielleicht hat ja Ihr*e Mitbewohner*in, Ihr*e Freund*in oder Ihre Eltern Lust und Zeit, mit Ihnen diese Übung durchzuführen:

Bitten Sie Ihr Gegenüber, zu einem bestimmten Thema mit Ihnen ins Gespräch zu kommen, z. B. über ein Hobby, die Berufswahl, den letzten Urlaub, und wenden Sie die genannten Techniken abwechselnd an.

- Wie verliefen die Gespräche?
- Welche positiven bzw. negativen Erfahrungen haben Sie gemacht?
- Was ist Ihnen leicht- bzw. schwergefallen?
- Was möchten Sie weiter vertiefen?

Um Veränderungsmotivation freizusetzen, kommen neben diesen zentralen Techniken zwei weitere Methoden zur Anwendung, die die betreffende Person erstens zum*zur Fürsprecher*in der eigenen Änderung werden lassen – hierbei handelt es sich um den sogenannten *change talk*. Und zweitens geht es beim sogenannten *confidence talk* darum, das Zutrauen in der betreffenden Person dahingehend zu entfalten, dass sie in der Lage ist, eine Änderung zu erreichen.

Sobald sich an einer Stelle im Gesprächsverlauf Widerstand bei dem*der Klient*in einstellen sollte, ist es wichtig, dass der*die Berater*in auf ein Repertoire an Methoden zum Umgang mit Widerstand in Form von »mit dem Widerstand gehen« zurückgreifen kann. Denn hierbei handelt es sich um ein Signal für den*die Therapeut*in, die Vorgehensweise zu verändern. Dem Widerstand wird nicht mit Gegenargumenten begegnet. Vielmehr wird versucht, den*die Klient*in aktiv in den Prozess der Problemlösung einzubeziehen, um so zu neuen Perspektiven zu gelangen.

Sowohl die lösungsorientierte Beratung als auch die motivierende Gesprächsführung stellen zwei Ansätze dar, um als Sozialarbeiter*in gute Gespräche mit Adressat*innen führen zu können. Dabei ist Gespräch nicht gleich Gespräch. Ein zielorientiertes, dialogisches Vorgehen stützt sich auf erlernbare Methoden und Techniken. Sie sind Grundlage für die professionelle Beziehungsarbeit.

6.2 Fallbeispiel und Übungsaufgabe

Stellen Sie sich vor, Sie sind Sozialarbeiter*in in einer Sozialpsychiatrischen Beratungsstelle. Herr B. kommt seit über zwei Jahren regelmäßig wegen unterschiedlicher Problemsituationen in Ihre Sprechstunde. Über Herrn B. wissen Sie, dass er 50 Jahre alt ist, vor über 25 Jahren die Diagnose »paranoide Schizophrenie« erhalten hat und sich seitdem in psychiatrischer Behandlung befindet.

Herr B. gestaltet seine Tagesstruktur selbst, lebt allein in einer Zweizimmerwohnung und hat erhebliche Schulden.

Heute kommt er völlig verzweifelt zu Ihnen, weil er seine Wohnungsmiete seit zwei Monaten nicht bezahlt hat und sein Vermieter ihm mit der Kündigung droht.

 Notieren Sie ggf. Fragen, Anmerkungen, Besonderheiten!

1. Was denken Sie über Herrn B. und seine Situation?
2. Was tun Sie?

Drei Wochen später kommt Herr B. erneut völlig aufgelöst zu Ihnen und teilt Ihnen mit, dass er nun die Kündigung von seinem Vermieter erhalten hat. Er ist alkoholisiert und völlig verzweifelt. Er möchte aber nicht in die Klinik. Er sei bei seinem Psychiater gewesen. Dieser habe ihm den Rat gegeben, einen gesetzlichen Betreuer zu nehmen. Herr B. lehnt diesen Vorschlag vehement ab. Er möchte nicht entmündigt werden. Seine größte Angst ist nun, dass er in ein psychiatrisches Wohnheim »gesteckt« wird.

1. Was denken Sie über Herrn B. und seine Situation?
2. Was tun Sie?

Einige Wochen später erscheint Herr B. völlig betrunken bei Ihnen. Er fühlt sich verfolgt und beobachtet und sagt, dass ihm alles egal sei, er nur noch sterben möchte und ihm auch keiner mehr helfen könne.

1. Was denken Sie über Herrn B. und seine Situation?
2. Was tun Sie?

6.3 Einflussgrößen der sozialarbeiterischen Beziehung

Unterschiedliche Dimensionen wirken auf die professionelle Beziehungsgestaltung. Die bisherige Recherche hat gezeigt, dass sich diese unter die Oberbegriffe »Rahmenbedingungen«, »Persönlichkeit des*der Sozialarbeitenden«, »Professionalität« und »Schnittmenge« ordnen lassen. Dementsprechend ist Beziehungsarbeit als Methode mittels der Komponenten Wissen – Können – Haltung lern- und lehrbar und sollte somit ein fester Bestandteil des Studiums sein.

Obwohl bisher ein sozialarbeiterisches Handlungskonzept zur Beziehungsarbeit fehlt, lassen sich diverse Anknüpfungspunkte finden. Zunächst können die allgemein gültigen Merkmale für die therapeutische Beziehung auch auf die Soziale Arbeit übertragen werden:

- Die Beziehung ist auf bestimmte Ziele ausgelegt, d. h. beide Parteien haben bestimmte Erwartungen und Ziele an ihr Gegenüber.
- Die Beziehung ist auf bestimmte Arten der Interaktion begrenzt.
- Es gelten gewisse Regeln, an denen der*die Therapeut*in seine*ihre Interaktion ausrichtet.
- Die Beziehung umfasst eine gewisse festgelegte Zeitdauer.
- Die Beziehung ist asymmetrisch.
- Unterschiedliche Expertisen kennzeichnen die Beziehung.

Neben zeitlichen, institutionellen und ökonomischen Freiräumen ist Vertrauen, genauso wie kommunikative Kompetenz, eine der wichtigsten Voraussetzungen für die professionelle Zusammenarbeit (vgl. Arnold 2003, S. 117 ff.). Sabine Wagenblass (2004, S. 110) hat eindrücklich gezeigt, dass Vertrauen ein strukturierendes Medium in der helfenden Beziehung ist. Sie unterscheidet zwischen generalisiertem und spezifischem Vertrauen und hat Bedingungsfaktoren hierfür benannt. Neben diesen beiden Einflussgrößen kommt der Balance von Nähe und Distanz im Rahmen der Beziehungsarbeit eine zentrale Funktion zu. Sozialarbeitende agieren in der subjektiven Lebenswelt und dringen in sehr persönliche Bereiche vor, weshalb feinfühliges Handeln, vor allem auch bei Menschen, die schon die unterschiedlichsten Erfahrungen mit dem Hilfesystem gemacht haben, wichtig ist. Die Herausforderung, eine formale Berufsrolle auszufüllen und sich gleichzeitig als ganze Person auf persönliche, emotional geprägte und nur begrenzt steuerbare Beziehungen einzulassen, ist von professionell Helfenden zu meistern (vgl. Dörr/Müller 2012, S. 10 ff.). Demzufolge kommen auch emotionaler Zugewandtheit sowie dem Geben von emotionaler Sicherheit eine wichtige Bedeutung zu. Um keine Abhängigkeiten zu erzeugen, sind die Förderung von Autonomie und das Teilen von Verantwortung zentral. Weil es sich hierbei zugleich um ein Grundverständnis von Sozialer Arbeit handelt, wird der Punkt »Wahrung von Autonomie« vorausgesetzt. Auf dieser Grundlage können dann wiederum Identitätsprozesse angeregt und sichere Bindungserfahrungen gemacht werden. Um all diesen Anforderungen gerecht zu werden, ist reflexiven Prozessen genügend Raum zu geben. Eingerahmt sind diese Dimensionen von einer authentischen, wertschätzenden und akzeptierenden Haltung.

In diesem Sinne lassen sich verschiedene Bausteine für die Hochschullehre kreieren, die sowohl vermittelt als auch zueinander in Verbindung gesetzt, geübt und reflektiert werden können. Geeignete Lernorte können hier Seminare und Übungen mit Praxisbezug, wie begleitende Veranstaltungen zum Praktikum oder Projektwerkstätten, sein. Fast jeder Baustein endet mit einer Anleitung zu einer Gruppenübung, die der Selbsterfahrung dient.

BAUSTEIN 1 – Personale Identitätsarbeit und berufliches Rollenverständnis

Gerade in komplexen postmodernen Lebenswelten nimmt die personale Identitätsarbeit im Rahmen der Hochschulausbildung eine zentrale Position ein. Waren in der ersten Moderne die individuellen Identitätsentwürfe durch normalbiografische Grundrisse geprägt, müssen die Individuen heute patchworkartige Identitätsarbeit leisten. Hierunter wird das Zusammenführen von Erfahrungsfragmenten in einen für das Individuum sinnhaften Zusammenhang verstanden. Ziel ist – in Anlehnung an Petzold (1992) – die Aneignung einer emanzipierten Identität. Auf das Studium der Sozialen Arbeit bezogen heißt es, dass die Studierenden Empathie für sich selbst und die zunehmende Kompetenz des sozialen Sinnverstehens gegenüber biografischen Festlegungen und gesellschaftlichen Ansprüchen entwickeln. Dabei bildet die Wertewelt einen zentralen Rahmen für die Identitätskonstruktion (vgl. Keupp 2003, S. 9 ff.). Wichtig ist heute vor allem die Fähigkeit zur Selbstorganisation. Um selbst tätig zu werden, benötigt das Individuum Freiräume, um sich selbst zu entwerfen und den Alltag selbst zu gestalten. Weiterhin umfasst die Identitätsarbeit eine innere und eine äußere Dimension. Für das Gelingen der Identitätskonstruktion nimmt Authentizität von innen und Anerkennung von außen eine besondere Stellung ein. Weiter zeigt Keupp (2003, S. 18 ff.) auf, dass verschiedene Ressourcen wie Lebenskohärenz (Lebenssinn), Boundary Management (eigene Grenzen finden und ziehen), soziale Ressourcen (familiäre und außerfamiliäre Netzwerke), materielle Sicherung und Anerkennungserfahrung notwendig seien, um selbstwirksam die komplexen Anforderungen in einer hochpluralisierten und beschleunigten Gesellschaft bewältigen zu können. Im Hinblick auf die Teilidentität »Arbeit« kommt Andreas Hanses (2009, S. 276 ff.) zu dem Ergebnis, dass eine professionelle Identität in der akademischen Ausbildung erarbeitet und in der Praxis erprobt und gefestigt werden könne. Dabei scheint das erworbene Wissen aus den relevanten Bezugswissenschaften eine untergeordnete Position einzunehmen. Vielmehr zeichne sich professionelle Identität durch eine geübte Reflexivität und fundierte Methodenkompetenz aus. Um dies zu trainieren, bieten sich Einheiten im Studiengang Soziale Arbeit an, die zu diskursiven und reflexiven Prozessen einladen mit dem Ziel, Raum für unterschiedliche Selbsterfahrungen zu geben. Hierbei handelt es sich um eine seminarübergreifende Aufgabe im Verlauf des Studiums.

Vertiefungsfragen

Der Grundstein für Ihre professionelle Identität wird bereits im Verlauf Ihres Studiums gelegt. Reflektieren Sie nun einmal folgende Fragen:

- In welcher Rolle sehen bzw. sahen Sie sich als Student*in der Sozialen Arbeit?
- Inwieweit hat sich Ihr Verständnis von Sozialer Arbeit im Verlauf des Studiums verändert?

Nach Michael Domes und Jens M. Schneider (2014) haben Lehrende die Verpflichtung und Verantwortung, die Ausbildung professioneller Identität angehender Sozialarbeiter*innen zu initiieren, zu fördern und herauszufordern. Denn laut »Qualifikationsrahmen Soziale Arbeit« sollen Sozialarbeitende

> »über eine stabile, belastungsfähige und ausgeglichene Persönlichkeit mit ausgeprägter Empathie für soziale Aufgabenstellungen und darin beteiligte Personen verfügen. Ihre selbstkritische und reflektierte Haltung ermöglicht ihnen die Ausübung einer professionellen, distanzierten Berufsrolle unter Einbeziehung der eigenen Persönlichkeitsmerkmale und auf der Basis eines reflektierten Welt- und Menschenbildes. Sie definieren selbständig Grenzen und Möglichkeiten ihres Handelns.« (Schäfer/Bartosch 2016, S. 54)

BAUSTEIN 2 – Haltung

In Haltungsfragen kommt man in der Sozialen Arbeit nicht an Carl R. Rogers (1961/2004), dem Begründer der klientenzentrierten Gesprächsführung, vorbei. Er hat drei Grundmerkmale von Berater*innen für eine hilfreiche Beratungsbeziehung benannt. Hierbei handelt es sich um Empathie, Wertschätzung und Echtheit/Authentizität:

- Eine empathische Haltung ermöglicht ein einfühlendes Verstehen, indem das Handeln und die Gefühle der Adressat*innen nachvollzogen werden können und somit zu einem tiefgehenden Verständnis für die individuelle Lebenswelt der betreffenden Person führen können.
- Mit Wertschätzung ist das bedingungslose Angenommen- und Akzeptiert-Werden der betreffenden Person gemeint. Aufgrund ihrer individuellen Einmaligkeit wird sie, so wie sie ist, akzeptiert und wertschätzend angenommen. Wichtig ist die Wertfreiheit, d. h. dass die Adressat*innen der Sozialen Arbeit unabhängig von ihrem Verhalten und der Gestaltung ihrer Lebensverhältnisse anerkannt werden.
- Ein unverstelltes, authentisches Auftreten der psychosozialen Helfenden ist für eine vertrauensvolle Beziehung unerlässlich. Sie drückt sich aus in Äußerungen, Gestik, Mimik und Verhalten und stimmt mit dem inneren Erleben, Fühlen und Denken weitgehend überein.

Diese drei Merkmale sind zentral für den Beratungsprozess. Um den vielfältigen Aufgaben von Sozialarbeitenden nachzukommen, geht Hans Thiersch (2014) noch einen Schritt weiter, indem er die Haltung als Grundeinstellung versteht. Sie zeige sich in der praktischen Auseinandersetzung mit den Adressat*innen der Sozialen Arbeit in konkreten Aktionen und Begegnungen. Haltung sei aber mehr als sich nur authentisch zu repräsentieren. Sie sei vielmehr erwachsen aus den unterschiedlichen Lern-, Lebens- und Berufserfahrungen und eingebettet in den jeweiligen kulturellen und zeitlichen Kontext.

Lesen Sie sich folgendes Fallbeispiel gründlich durch:

Herr F., 45 Jahre alt, lebt seit 20 Jahren in Deutschland. Er hat vor 15 Jahren seine Freundin geheiratet. Immer wieder kommt es zwischen ihnen zu Auseinandersetzungen, weil sich Herr F. nach wie vor in seiner neuen Heimat nicht gut aufgehoben fühlt. Wenn überhaupt, findet er nur schlecht bezahlte Aushilfsjobs. Aufgrund seiner Hautfarbe erfährt er immer wieder Beleidigungen und verbringt die meiste Zeit des Tages in der gemeinsamen Wohnung. Seit gut sechs Monaten trinkt er übermäßig viel Alkohol. Oft ist er morgens schon betrunken und kommt seinen Verpflichtungen im Haushalt nicht mehr nach. Seine Ehe steht auf der Kippe, sein 10-jähriger Sohn wendet sich ebenfalls mehr und mehr von ihm ab. Er strebt eine stationäre Therapie an, um sich von seiner Suchterkrankung zu befreien, sieht die »Schuld« für seinen Alkoholkonsum aber nicht bei sich, sondern bei seiner Ehefrau.

 Beantworten Sie folgende Fragen:

- Wie würden Sie sich gegenüber Herrn F. als Sozialarbeiter*in verhalten?
- Welche Haltung würden Sie versuchen einzunehmen?
- Wo sehen Sie Chancen? Wo könnten Sie auf Schwierigkeiten treffen?

Für professionell Helfende stellt eine Orientierung an den Menschenrechten sowie das Vergegenwärtigen, einer helfenden Profession anzugehören, die Basis für Haltungsfragen dar. Im Fall von Herrn F. treffen zum Beispiel gleich Artikel 1 und Artikel 2 der Allgemeinen Erklärung der Menschenrechte zu:

> »**Artikel 1 (Freiheit, Gleichheit, Brüderlichkeit)**
>
> Alle Menschen sind frei und gleich an Würde und Rechten geboren. Sie sind mit Vernunft und Gewissen begabt und sollen einander im Geist der Brüderlichkeit begegnen.
>
> **Artikel 2 (Verbot der Diskriminierung)**
>
> Jeder hat Anspruch auf die in dieser Erklärung verkündeten Rechte und Freiheiten ohne irgendeinen Unterschied, etwa nach Rasse, Hautfarbe, Geschlecht, Sprache, Religion, politischer oder sonstiger Überzeugung, nationaler oder sozialer Herkunft, Vermögen, Geburt oder sonstigem Stand.
>
> Des Weiteren darf kein Unterschied gemacht werden auf Grund der politischen, rechtlichen oder internationalen Stellung des Landes oder Gebiets, dem eine Person angehört, gleichgültig ob dieses unabhängig ist, unter Treuhandschaft steht, keine Selbstregierung besitzt oder sonst in seiner Souveränität eingeschränkt ist.«

Um an Haltungsfragen zu arbeiten, reicht eine reine Wissensvermittlung im Verlauf des Studiums Soziale Arbeit nicht aus. Die Auseinandersetzung mit Erlebnis- und Erfahrungsbeispielen, Filmausschnitten, persönliche Begegnungen, Rollenspielen und auch Fallbesprechungen dienen dem aktiven Ausprobieren und der vertieften Reflexion.

BAUSTEIN 3 – Vertrauen

Für eine langfristig wirksame Beziehungsgestaltung zu Adressat*innen der Sozialen ist der Aufbau von Vertrauen – soweit der Grundtenor – wesentlich. Gelingt dieses nicht, ist eine konstruktive Zusammenarbeit erschwert.

Vertrauen zeigt sich als soziale Einstellung mit der Annahme, dass Entwicklungen einen positiven oder erwarteten Verlauf nehmen. Verschiedene Disziplinen thematisieren den Vertrauensbegriff – jedoch ohne Konsens. Eine bekannte Definition stammt von Niklas Luhmann (2015, S. 9 ff.), der Vertrauen als »Mechanismus zur Reduktion von komplexen Situationen« ausweist. Dieses Vertrauen hat im Zusammenhang mit sozialen Interaktionen die Funktion, die zunehmend komplexen Mensch-Umwelt-Beziehungen auf ein geringes Maß zu reduzieren, damit das Individuum handlungsfähig bleibt. Luhmann unterscheidet weiterhin zwei Arten von Vertrauen, nämlich persönliches Vertrauen und Systemvertrauen, die in einem interdependenten Verhältnis zueinander stehen.

Während sich das personale Vertrauen auf eine Person bezieht, fokussiert sich das Systemvertrauen auf ein abstraktes System. Weitgehend Einigkeit herrscht darin, dass Vertrauen bestimmte Elemente umfasst (Luhmann 2000; Petermann 1996; Schweer 2004):

- Ungewissheit für die vertrauende Person
- potenzielles Risiko für die vertrauende Person
- unzureichende Beeinflussbarkeit des eigenen Schicksals durch die vertrauende Person
- Zukunftsbezug

Unabhängig vom jeweiligen Lebensbereich treffen diese Aspekte zu. Weiterhin existieren zur Herstellung von Vertrauen verschiedene Modelle (u. a. Petermann 1996).

Im Rahmen der Hochschullehre sollte bei diesem Thema neben der Wissensvermittlung die Selbsterfahrung im Vordergrund stehen. Zum Beispiel eignen sich Spiele und Kleingruppenarbeiten hervorragend dazu, Kontakt aufzunehmen, im Team zu arbeiten, sich in andere Personen hineinzufühlen, soziales Lernen zu fördern, um schließlich Vertrauen entwickeln zu können.

Denken Sie einmal an Ihre letzten interaktiven Gruppenübungen zurück. Welche Erfahrungen haben Sie hinsichtlich des Vertrauens gesammelt – auch wenn es nicht explizit darum ging? Fallen Ihnen weitere Übungen ein?

Bei Vertrauensfragen ist der Klassiker wohl die Übung »Tragende Hände«. Die Gruppenmitglieder stellen sich gegenüber in zwei Reihen auf – sie bilden gewissermaßen ein Spalier – und jede*r hält sich jeweils mit den Händen an der ihr*ihm gegenüberstehenden Person fest. Eine freiwillige Person legt sich nun auf diese haltenden Hände, die sie hochheben, absenken, schütteln, hin- und herrollen und auch mal rückwärts wandern lassen.

BAUSTEIN 4 – Nähe-Distanz-Verhältnis

Wie viel Nähe ist wichtig? Wie viel Distanz ist richtig? Die Ausgestaltung des Verhältnisses von Nähe und Distanz ist ein wesentlicher Bestandteil der Beziehungsgestaltung. Hier geht es vor allem um das »richtig« empfundene Maß. Wann dieses Maß an Nähe und Distanz als angemessen empfunden wird, hängt von den eigenen Erfahrungen, den individuellen Interpretationen und Handlungszielen ab (Dörr/Müller 2012, S. 7 ff.).

Wichtig ist, dass professionell Helfende in der Lage sind, Nähe und Distanz zu regulieren, den Beziehungsentwicklungen anzupassen und zu reflektieren. Bleibt beispielsweise ein Beratungsgespräch auf einer rein informativen Basis, ist weniger Nähe notwendig und angebracht als bei einem emotionalen Thema (wie zum Beispiel bei einer Scheidung, bei Einsamkeit, bei schweren Erkrankungen etc.).

Im Rahmen des Studiums sollte genug Raum für Reflexionsprozesse sein. Dabei ist die Betrachtung von Nähe und Distanz als zwei Pole, die auf einem Kontinuum angesiedelt sind und zwischen denen sich professionell Helfende bewegen, hilfreich. Geeignet sind Fallbeispiele und Rollenspiele, um nicht nur ein erstes Gefühl von Nähe und Distanz zu erhalten, sondern um sich auch selbst ausprobieren zu können.

Sicherlich haben Sie sich im Verlauf Ihres Studiums mit Fragen rund um das Thema »Nähe-Distanz-Balance« beschäftigt. Es gibt kein »Richtig« oder »Falsch«. Vielmehr geht es um ganz individuelle Entscheidungsprozesse.

- Wie haben Sie bisher für sich das richtig empfundene Maß an Nähe und Distanz im Umgang mit Adressat*innen gefunden?
- Wie viel Nähe erleben Sie als hilfreich?
- Wie versuchen Sie, Distanz zu wahren?

Im Rahmen des Studiums kann die Nähe-Distanz-Regulierung beispielsweise mithilfe der Übung »Symbolische Verbindung« erfolgen. Bei dieser Übung geht es vor allem um das Ausbalancieren von Angst vor Nähe und dem Wunsch nach Nähe. Die Gruppenmitglieder arbeiten in Paaren A und B. A beginnt und wechselt dann mit B. A und B starten mit einer von A gewünschten Entfernung, indem sie eine Schnur zwischen sich halten. Wenn A möchte, dass B sich nähert, zieht A an der Schnur, sodass B auf sie*ihn zukommt. Wenn B zu nahe ist, wird die Schnur gelockert, um deutlich zu machen, dass mehr Abstand gewünscht ist. Dieser Prozess wird mit Fragen begleitet wie »Was verändert sich in meiner Wahrnehmung in der unterschiedlichen Nähe bzw. Distanz?«, »Welche Gedanken und Emotionen werden bei mir ausgelöst?«, »Finde ich den Punkt mit der stimmigen Nähe für mich?«, »Wie viel Distanz ist mir wichtig?«.

BAUSTEIN 5 – Feinfühliges Handeln

Das Konzept der Feinfühligkeit geht auf Mary Ainsworth (1978) zurück und bezeichnet die Qualität der Reaktion einer Bezugsperson, durch welche diese die frühkindliche Bindung beeinflussen kann. Hiernach bildet die Qualität der Feinfühligkeit der betreuenden Person eine wesentliche Grundlage für die Qualität der Bindung. Ursprünglich für den frühkindlichen Bereich entwickelt, kann dieses Konzept auch auf die Arbeit mit Erwachsenen angewandt werden. Denn auch, wenn der Start in Leben nicht so feinfühlig verläuft, besteht die Möglichkeit, durch spätere feinfühlige Interaktionserfahrungen eine sichere Bindung zu entwickeln. Das heißt, feinfühliges Interaktionsverhalten fördert die Entwicklung eines sicheren Bindungsverhaltens. Dies gilt genauso für Eltern und Pädagog*innen wie für psychosozial Helfende. Hierzu gehört auch, eine dialogische Sprache anzuwenden und verschiedene Affekte in ihrem Kontext zu benennen, d. h. es werden Gefühle in unterschiedlichen Situationen angesprochen, z. B. wird, wenn ein Kind traurig ist, die Bezugsperson dies auch benennen (»Ich merke, dass du traurig bist, weil dein Stofftier weg ist.«). Neue feinfühlige und emotional verfügbare Interaktionserfahrungen, die über eine längere Zeitspanne vorhersehbar sind und bei denen die Bindungsperson emotional für die Signale des Gegenübers verfügbar ist, helfen beim Aufbau einer sicheren emotionalen Entwicklung. Das Bindungssystem ist immer offen für neue Bindungserfahrungen und damit veränderbar. Diese Erkenntnis ist gerade für die Arbeit mit bindungsgestörten Personen relevant, um ihnen neue emotionale Erfahrungen in Beziehungen zu ermöglichen (vgl. Brisch 2014, S. 15 ff.).

Sozialarbeiter*innen neigen des Öfteren dazu, stellvertretend für ihre Adressat*innen zu handeln. Die Grenze zwischen Hilfestellungen geben und sich in Zurückhaltung üben kann in manchen Situationen äußerst schwierig sein.

Überlegen Sie, wie Sie feinfühliges Verhalten von »Überbehütung/Überbetreuung« abgrenzen würden.

Wichtig ist: Feinfühliges Verhalten ist von Überbehütung abzugrenzen. Feinfühligkeit unterscheidet sich dahingehend, dass auf Bedürfnisse erst dann reagiert wird, wenn diese auch geäußert werden. Aufgaben, die allein bewältigt werden können, sollten nicht abgenommen werden. Nur wenn eine Aufgabe tatsächlich nicht selbstständig bewältigt werden kann, ist Unterstützung sinnvoll.

Für den Hochschulkontext zeigt sich, dass Studierende Feinfühligkeit am besten durch Selbsterfahrungen im Rahmen von Beratungsrollenspielen erleben können. Leitend können dabei folgende Fragestellungen sein: »Wie kann eine Erhöhung von gefühlter Sicherheit im Kontakt hergestellt werden?«, »Wie können mögliche Ängste abgebaut werden?«, »Wie kann eine sichere Basis geschaffen werden, vor deren Hintergrund die Reflexion von Belastungen und Bindungsmodellen erfolgen kann?«

BAUSTEIN 6 – Emotionsarbeit

Der Begriff der Emotionsarbeit wurde maßgeblich von Arlie Hochschild geprägt. Sie führte gegen Ende der 1970er-Jahre Studien in den USA über das Gefühlsmanagement und die Ökonomisierung von Gefühlen in Dienstleistungsberufen durch. In der Gefühlsarbeit geht es darum, erwünschte Gefühle zu erzeugen und unerwünschte zu unterdrücken (vgl. Hochschild 1990, S. 85 f.).

Gefühlsarbeit ist auf Gefühlsnormen ausgerichtet, die uns die Richtung angeben, welches (emotionale) Verhalten unsere jeweiligen Rollen und Beziehungskonstellationen verlangen. Emotionen und professionelles Handeln gehören in der Sozialen Arbeit zusammen. Im Rahmen von persönlichen Kontakten stellen psychosozial Helfende eine Arbeitsbeziehung her, die emotionale Aufgabenfelder beinhaltet. Als vertrauensvolle Person versuchen sie einerseits, ihre Adressat*innen zu motivieren und zu unterstützen, andererseits sind sie immer wieder mit Gefühlen von Angst, Ärger, Wut, Ekel konfrontiert. Die Anforderung besteht darin, einen professionellen Umgang sowohl mit den eigenen als auch mit den Gefühlen des Gegenübers zu finden. Denn das Einbringen von Gefühlen in die Arbeit und das Wahrnehmen der Gefühle der Adressat*innen sind alltägliche Arbeitsanforderungen der psychosozial Helfenden. Im Kern geht es darum, die eigenen und fremden Gefühle entsprechend der Situation zu gestalten, zu beeinflussen oder zu lenken. Daraus kann geschlussfolgert werden, dass mit und an den Gefühlen zu arbeiten, grundlegend für die Beziehungsgestaltung ist. So können Sozialarbeitende im Verständnis von Interaktionsarbeit für die Adressat*innen zu Dialogpartner*innen werden (vgl. Schröder 2017, S. 10 ff.).

 Der beruflich-fachliche Umgang mit den eigenen und fremden Gefühlen gehört zum professionellen Handeln dazu.

- Welchen Weg haben Sie bisher für sich gefunden, um an Ihren eigenen Gefühlen zu arbeiten?
- Wie gehen Sie mit den Emotionen Ihrer Adressat*innen um?

Die Arbeit an den eigenen Emotionen zeichnet sich dadurch aus, dass der Umgang mit ihnen von den Handlungsintentionen abhängig ist, d. h. es geht um die eigenen Gefühle im Kontext situativer Anforderungen. Hingegen bezieht sich die Emotionsarbeit als Arbeit an fremden Gefühlen auf die Deutung und Interpretation der beim Gegenüber wahrgenommenen Gefühle.

Neben der Selbstreflexion besteht die Möglichkeit, sich in Team- oder Dienstgesprächen darüber auszutauschen, wie die Alltagspraxis und die Beziehungen zu den Adressat*innen emotional erlebt werden. Übertragen auf die Hochschulpraxis eignen sich hier ebenfalls Fallbesprechungen und Rollenspiele zum Üben.

BAUSTEIN 7 – Reflexion

Die professionelle Reflexionskompetenz nimmt eine besondere Position in der Sozialen Arbeit ein und das nicht nur im praktischen, sondern ebenfalls im theoretischen Sinne. Dabei meint Reflexion mehr als Nachdenken. Im Reflexionsprozess werden die eigenen Handlungen in konkreten Situationen aus den professionellen Arbeitszusammenhängen rückblickend betrachtet und analysiert. Dabei können reflexive Prozesse auf vier Ebenen – Praxis-, Professionalisierungs-, Forschungs- und Theorieebene – stattfinden.

Bezogen auf das Handlungsfeld findet in der konkreten Interaktion und Kommunikation zwischen professionell helfender Person und Adressat*in die stellvertretende Deutung des Falles statt. Dies kann als eine Form sozialwissenschaftlicher Reflexion verstanden werden. Im Hinblick auf die Professionalisierungsebene geht es um die reflexive Kontrolle der psychosozial Helfenden durch Selbstreflexion oder Teamsupervision. Die Forschungsebene fokussiert die Reflexion zwischen Forschenden und Praktiker*innen vor Ort, wie es z. B. in Begleitforschungen der Fall ist. Auf der theoretischen Ebene ergeben sich reflexive Prozesse allein schon aus dem Verständnis, Soziale Arbeit als Reflexionswissenschaft aufzufassen. Es geht auf der einen Seite um wissenschaftstheoretische Reflexionen, auf der anderen Seite aber auch um Erkenntnisprobleme, normative Implikationen, die Angemessenheit wissenschaftlicher Aussagen und Begründungszusammenhänge (vgl. Klees o. J.).

Im Hinblick auf die Beziehungsgestaltung beeinflussen die eigenen Erfahrungen die professionelle Soziale Arbeit ebenfalls. Eigene Emotionen und Befindlichkeiten, sofern sie nicht permanent reflektiert werden, wirken sich auf das Beziehungsgeschehen aus.

Stellen Sie sich vor, Sie arbeiten in einer stationären Einrichtung für Kinder. Reflektieren Sie, welches Beziehungsbedürfnis Sie selbst haben:

- Wie reagieren Sie auf ein gestörtes Verhältnis von Nähe und Distanz?
- Was sagt Ihr Verhalten über Sie aus?

Um Professionalität sicherzustellen, müssen psychosozial Helfende sich und ihr eigenes Handeln stetig reflektieren. Die Selbstreflexion umfasst dabei die eigene Biografie und die damit verbundenen Werte, die eigenen Gefühle und Grenzen sowie die persönlichen Bindungserfahrungen (vgl. Pörtner 2013, S. 119).

Um Reflexionsprozesse anzustoßen, bieten sich ausgewiesene Lernorte im Studium der Sozialen Arbeit an, in denen entsprechende Methoden wie die Kollegiale Fallberatung oder das Reflecting Team bearbeitet werden.

BAUSTEIN 8 – Humor

Den letzten und häufig zu wenig beachteten Faktor stellt die Einflussgröße Humor dar. Denn ein wichtiges allgemeines Ziel ist es, im gemeinsamen Tun Spaß zu erleben und zu ermöglichen. Auffällig ist, dass es zu diesem Bereich für die Soziale Arbeit kaum Literatur und Studien gibt, obwohl die Psychotherapie und die Pflege diese Ressource schon seit vielen Jahren für ihre Arbeit nutzen. Denn bekannt ist, dass gemeinsames Lachen beziehungsstiftend wirkt und den Zusammenhalt fördert.

Humor im pädagogischen Kontext wird als eine menschliche Haltung verstanden, die als Distanzierung zu Belastungen und Krisen fungieren kann. Nach Effinger (2008, S. 33) werden professionelle humorvolle Interventionen gezielt eingesetzt, »damit Andere zum Lachen und in einen Zustand der Erheiterung gebracht werden«. Humor ist somit als Interventionsstrategie wirksam. Wichtig ist es, die sozialen und kulturellen Hintergründe der Adressat*innen zu beachten, denn Humor sollte nicht in Spott, Ironie oder Zynismus enden (vgl. Assmann/Krüger 2011, S. 25 ff.). Voraussetzungen für den Einsatz von humorvollen Interventionsstrategien sind die Schaffung einer entspannten Atmosphäre und ein wertschätzender Umgang mit den Adressat*innen. Empathie und Achtsamkeit gehören genauso dazu, wie ein Vertrauensverhältnis. Allerdings sollte der Humor zu den Adressat*innen passen.

Nicht zuletzt sollten psychosozial Helfende dazu in der Lage sein, über sich selbst zu lachen (vgl. Schulze-Krüdener 2015, S. 17 ff.). Um Humor als Interventionsstrategie verstehen und anwenden zu können, sind Seminare geeignet, die sich mit Methoden der Sozialen Arbeit beschäftigen.

Um professionell Beziehungen aufbauen und gestalten zu können, ist ein Zusammenspiel von Identitätsarbeit und Rollenverständnis, Haltung, Vertrauen, Nähe-Distanz-Verhältnis, feinfühliges Handeln, Emotionsarbeit, Reflexion und Humor grundlegend. Überlegen Sie nun, welche Settings/welche Methoden Sie bereits kennengelernt haben, die geeignet sind, um den jeweiligen Baustein zu üben.

Diesen acht Bausteinen sollte im Rahmen des Bachelorstudiengangs eine zentrale Bedeutung beigemessen werden. Sie sind als Querschnittsaufgabe für Lehrende zu verstehen. Dafür sind Lernorte zu gestalten, in denen die Studierenden – neben theoretischen Kenntnissen – im Rahmen von Aneignungsprozessen zu einer reflexiven Professionalität gelangen können. Denn Professionalität entsteht aus dem Zusammenspiel von Wissen, Können, Habitus und Identität (vgl. Becker-Lenz/Busse/Ehlert/Müller-Hermann 2012). Entsprechend ersetzt ein großes Methodenrepertoire nicht die Grundhaltungen und das theoretische Wissen der angehenden Sozialarbeitenden, das wiederum Voraussetzung für die Entwicklung einer helfenden Beziehung ist. Um diesem Profil nachzukommen, ist eine enge Theorie-Praxis-Verknüpfung mit theoriegeleiteten Reflexionsmethoden wünschenswert.

6.4 Beziehungsarbeit in psychiatrischen Kontexten

So wie Gespräch nicht gleich Gespräch ist, ist Beziehungsarbeit nicht gleich Beziehungsarbeit. Es gibt neben den grundlegenden Bausteinen weitere Faktoren, die Einfluss auf das Arbeitsbündnis haben. Neben institutionellen Rahmenbedingungen, die größtenteils als gegeben anzusehen sind, gehören hierzu sowohl die Zielgruppe als auch die jeweilige Arbeitsform. Denn es ist ein gewaltiger

Unterschied, ob beispielsweise mit Jugendlichen im offenen Bereich oder mit psychisch erkrankten Erwachsenen in der Akutpsychiatrie gearbeitet wird.

Aufgrund eigener Berufserfahrungen werden nachfolgend drei psychiatrische Bereiche in stationärer, teilstationärer und ambulanter Form mit ihren jeweiligen Besonderheiten »behandelt«. Beziehungsarbeit spielt in der psychiatrischen Landschaft eine große Rolle. Spätestens seit der Psychiatrie-Enquete im Jahr 1975 wird die Kontinuität in professionellen Beziehungen als fachlicher Standard und als Qualitätskriterium gefordert. Ob zu Fachärzt*innen, zu gesetzlichen Betreuer*innen oder zu Mitarbeiter*innen in psychiatrischen Hilfeformen, die Bedeutsamkeit einer stabilen Beziehung rückt wiederkehrend in den Vordergrund von Diskussionen.

In diesem Kontext zeichnen sich in den letzten Jahren zwei kontroverse Tendenzen ab: Zum einen besteht – vor allem in Kliniken – die Gefahr des Schwindens von Beziehungen. Nach wie vor stellt beispielsweise der Übergang von der Klinik in den ambulanten Bereich eine Bruchstelle im Hilfesystem mit der Folge wechselnder Ansprechpartner*innen dar. Zum anderen zeigen sich zunehmend bindende und Abhängigkeit schaffende Beziehungen, z. B. in der Form: »Ich weiß, was richtig für dich ist, wir kennen uns ja schon lange.« Psychiatrieerfahrene Menschen müssen sich also immer wieder zwischen Autonomie und Bindung zurechtfinden. Nachfolgend findet eine Fokussetzung auf die Bereiche Kontaktaufnahme und Zwangsbehandlung, Bezugsbetreuung sowie Nähe-Distanz-Verhältnis statt.

6.4.1 Psychiatrie

Für Sozialarbeitende bedeutet der Umgang mit psychisch erkrankten Menschen, dass sie oft auf Personen treffen, die mit vielen unterschiedlichen Berufsgruppen in Kontakt stehen bzw. standen und dadurch über einen großen Erfahrungsschatz mit dem professionellen Helfer*innensystem verfügen. Viele Beziehungswechsel und -abbrüche, auch im Hinblick auf das eigene soziale Netzwerk, gehören dazu. Hinzu können, bedingt durch die Erkrankung, Einschränkungen in den sozialen Kompetenzen kommen. Hier einen Zugang zu finden und das Vertrauen der jeweiligen Person zu gewinnen, stellt große Anforderungen an die psychosozial helfende Person.

Auf eine Begriffserläuterung, was unter psychischer Erkrankung zu verstehen ist, wird an dieser Stelle verzichtet. Denn viel wichtiger erscheint es, zunächst den Menschen in seiner Einzigartigkeit mit seinen Ressourcen kennenzulernen und nicht vordergründig auf mögliche Defizite zu schauen. So sind die meisten Menschen mit Psychiatrieerfahrung nicht irgendwie anders. Vielmehr zeichnen sie bestimmte Denk-, Verhaltens- und Wahrnehmungsweisen aus, die manchmal etwas »bunter« als »normal« erscheinen.

Hilfe können Betroffene beispielsweise in einer psychiatrischen Klinik erhalten. Diese beschäftigt sich als ein Fachgebiet der Medizin mit der Diagnostik, Therapie und Prävention psychischer Störungen. Daneben ist sie ein konkreter sozialer Ort, der sich durch Norm- und Werteorientierungen auszeichnet. Das heißt, hier zeigt sich, was in unserer Gesellschaft als normal und was als abweichend angesehen wird. Der Anteil der Patient*innen mit Zwangsbehandlungen liegt zwischen 2 % und 8 %. Häufig wird hier eine Zwangsmedikation oder eine Fixierung vorgenommen. Gerade im Akutbereich kann dieses der Fall sein.

Professionell Helfende müssen davon ausgehen, dass ihr Beziehungsangebot nicht immer freudig aufgenommen wird und an den negativen Vorerfahrungen der psychisch erkrankten Person scheitern kann. Nachfolgend ein Beispiel aus der Praxis:

An einem Freitagabend erscheint Herr W. per Krankentransport in der Notaufnahme seines hiesigen Krankenhauses. Er berichtet dem diensthabenden Arzt, dass er mit starker Übelkeit und Magenkrämpfen kämpfe. Seine Nachbarin habe ihm ein Stück Kuchen vorbeigebracht und er vermute, dass sie ihn vergiften möchte. Nach einer umfassenden Untersuchung wird Herrn W. mitgeteilt, dass es keinen Anlass für eine stationäre Aufnahme gebe. Daraufhin dekompensiert Herr W. hochgradig erregt. Nach einer Sedierung wird er in die psychiatrische Abteilung des Krankenhauses verlegt. Wie sich herausstellt, ist Herr W. hier bereits durch mehrfache Aufenthalte bekannt. Die zuständige Sozialarbeiterin sucht seine Krankenakte heraus. Dort erfährt sie, dass der 50-jährige Herr W. seit seiner Geburt in einer Kleinstadt bei Hannover lebt. Bis zum Versterben seiner Mutter vor drei Jahren wohnte er mit ihr zusammen. Seitdem kümmert sich seine »große« Schwester um ihn. Herr W. ist gelernter Krankenpfleger, aber aufgrund seiner psychischen Erkrankung frühberentet. Er führt ein sehr zurückgezogenes Leben und hat kaum soziale Kontakte. Das Bahnfahren bereitet ihm Freude.

Über die aktuelle Situation von Herrn W. erfährt sie, dass seine Wohnung in einem sehr verwahrlosten Zustand ist, sodass er von seinem Vermieter die Kündigung erhalten hat. Herr W., der bis dahin seit vielen Jahren psychisch stabil war, ist sehr verzweifelt und hat keine Kraft, nach einer anderen Bleibe zu suchen. Seitdem ist er regelmäßig Patient in der psychiatrischen Klinik.

Die Fallgeschichte betrifft vor allem die Bereiche »Erstgespräch/Kontaktaufnahme«, »Zwang« und »lebensgeschichtliche Eckpunkte«, die im weiteren Verlauf im Hinblick auf die Beziehungsgestaltung erörtert werden.

Augenscheinlich ist die Fremdbestimmung von Herrn W. vordergründig. Er sucht freiwillig nach Hilfe, findet sich dann aber in einer Zwangssituation wieder. Damit hat er sicherlich nicht gerechnet und es wird ihm damit nicht gut gehen. Für die Beziehungsgestaltung bedeutet dies zunächst, dass sie primär nicht gewünscht ist und es zu einer einseitigen Kontaktaufnahme des*der psychosozial Helfenden kommen kann.

 Lesen Sie sich das Fallbeispiel von Herrn W. in Ruhe durch:
- Was sind Ihre ersten Gedanken?
- Wie würden Sie die Kontaktaufnahme zu Herrn W. unter diesen widrigen Bedingungen starten?

Weil die Anfangsphase das Verhältnis zwischen Sozialarbeitenden und Adressat*in stark prägt, kommt ihr eine Schlüsselfunktion zu. In diesem Kontext nimmt das Erstgespräch eine wichtige Stellung ein und stellt verschiedene Anforderungen an die psychosozial Helfenden. Denn es dient nicht nur der Kontaktaufnahme, dem gegenseitigen Kennenlernen sowie dem Sammeln von wichtigen Informationen, sondern und vor allem auch dem Aufbau eines Vertrauensverhältnisses.

Die Erfahrung zeigt, dass manch psychiatrieerfahrene Person abwehrend darauf reagiert, »schon wieder etwas über sich erzählen« zu müssen. Des Weiteren werden oftmals schambesetzte Themen, wie Umgang mit Familie, Schulden, Arbeitslosigkeit, Süchte etc., angesprochen. Gerade für Berufseinsteiger*innen stellen Erstkontakte eine große Herausforderung dar. Nach Kai G. Kahl und Ulrich Schweiger (2007, S. 207) kommt es bei Berufseinsteiger*innen vermehrt zu folgenden Problemen:

- Hemmungen vor dem Ansprechen bestimmter psychosozialer Themen und Zusammenhänge
- Fokus auf der Sammlung von Informationen und häufiges Anwenden von geschlossenen Fragen
- Unterbrechen des Erzählflusses der Patient*innen
- fehlendes Wissen über Techniken der Gesprächsführung
- Unsicherheit, wie mit emotional belastenden Themen umgegangen werden kann

- Unsicherheit über die Erwartungen der betreffenden Person über den Gesprächsverlauf

Daneben ist es wichtig, darauf zu achten, dass die betreffende Person in der Lage ist, dem Gespräch überhaupt zu folgen und adäquate Angaben zu machen. Häufig ist das nicht der Fall, z. B. bei Personen mit einer akuten Psychose. Dann helfen oft schon das Zuhören und Ernstnehmen des Gegenübers.

Übung und Reflexion ist für Berufseinsteiger*innen in psychiatrischen Kontexten »der Schlüssel zum Erfolg«, gerade auch hinsichtlich der Regulation des Nähe-Distanz-Verhältnisses. Zum einen sollte nicht versucht werden, sich aus der Beziehung heraushalten zu wollen, denn hierdurch kann es zu einer mangelnden Identifikation mit der betroffenen Person kommen. Zum anderen kann ein sehr intensives Einlassen auf die Beziehung zu einer zu starken Identifikation führen. Die Folge wäre, dass Bedürfnisse, Fähigkeiten, Gefühle oder Ressourcen unter- bzw. überschätzt werden.

Gleichermaßen sollte sich der*die Sozialarbeiter*in immer wieder bewusst machen, dass sie*er mit einer Person in einer sehr verletzbaren Situation arbeitet, weshalb es wichtig ist, verständnisvoll zu sein. Hilde Schädel-Deininger und Ulrike Villinger (1996, S. 118) haben treffend festgehalten, dass »wir nicht keine Beziehung zu einem Patienten haben [können], höchstens eine schlechte oder gestörte.« Schließlich würde sich die betreffende Person professionelle Hilfe suchen, weil ihre Beziehung zu sich selbst und zu anderen gestört sei. Um an der Beziehung zu arbeiten, ist eine beziehungsfördernde Grundhaltung hilfreich. Dafür hat Christoph Kulessa (1985) folgende Punkte herausgearbeitet:

- Ich nehme die*den andere*n an, wie sie*er ist.
- Ich fange dort an, wo die*der andere steht.
- Ich zeige, dass ich mit ihr*ihm Kontakt aufnehmen möchte.
- Ich verzichte auf argumentierendes Diskutieren.
- Ich nehme die in mir ausgelösten Gefühle wahr.
- Ich verzichte auf das Anlegen eigener Wertmaßstäbe.
- Ich orientiere mich an den Bedürfnissen.
- Ich arbeite an Partnerschaft und vermeide objektivierende Distanz.

Dabei kann und sollte ebenfalls auf Kommunikationstechniken zurückgegriffen werden, die für ein gelingendes Gespräch hilfreich sind. Dies trifft insbesondere dann zu, wenn die Kommunikation aufgrund der psychischen Erkrankung erschwert ist. Laut Bundesverband der Angehörigen psychisch erkrankter Menschen e. V. (2019) handelt es sich hierbei um das aktive Zuhören sowie um das Senden von Ich-Botschaften und das Ausdrücken von Gefühlen.

Themen des Erstkontaktes sollten neben der Vorstellung der Einrichtung und der eigenen Person sowie organisatorischen Abläufen und Zielen des Gespräches vor allem der offene Dialog mit der betreffenden Person sein. Hierzu zählen u. a. die aktuelle Situation, wichtige lebensgeschichtliche Erfahrungen sowie Wünsche, Bedürfnisse und Erwartungen.

Wie im Fall von Herrn W. liegt dem psychiatrischen Krankenhaus oft schon eine Dokumentation über die jeweilige Person vor. Diese hilft dabei, ausführlichere Informationen sowie individuelle Zusammenhänge zu erhalten, und bildet damit die Basis für die anschließende Beziehungsplanung. Neben den oben genannten Bausteinen als Grundlage für die Beziehungsarbeit kommt im psychiatrischen Kontext dem Umgang mit störungsspezifischen Beziehungsmustern eine zentrale Bedeutung zu. Damit ist gemeint, dass auf Grundlage des Wissens über die jeweilige Störung abgeschätzt werden kann, wie die betreffende Person mit einer gewissen Wahrscheinlichkeit die professionelle Beziehung gestalten wird und was sich daraus für das Vorgehen des*der psychosozial Helfenden ergibt (vgl. Sachse 2016, S. 32). Beispielsweise ist für eine Borderline-Persönlichkeitsstörung eine schillernde Symptomvielfalt kennzeichnend: Angefangen bei der Instabilität im Bereich von Stimmung und Affektivität über eine ausgeprägte Identitätsproblematik sowie Impulskontrollstörung bis hin zu wiederkehrenden schwierigen zwischenmenschlichen Beziehungen, die oft sehr konflikthaft verlaufen. Wissen über die Beziehungsmuster, die häufig durch plötzliche Wechsel zwischen den Extremen der Idealisierung und Entwertung sowie durch ausgeprägte Ängste vor dem Verlassenwerden durch wichtige Bezugspersonen gekennzeichnet sind, ist für das Verstehen im professionellen Kontext sehr hilfreich (vgl. Göttsche 2009, S. 263).

6.4.2 Tagesstätte

Bei der psychiatrischen Tagesstätte handelt es sich um ein Angebot für volljährige Personen, bei denen die psychische Erkrankung vor allem zu einem Verlust der Tagesstruktur oder zu sozialem Rückzug führt. Sie werden vor allem bei der Alltags- und Freizeitgestaltung unterstützt. Es werden tagesstrukturierende Maßnahmen in Form von Einzel- und Gruppenangeboten durchgeführt. Meistens handelt es sich dabei um lebenspraktische Tätigkeiten mit dem Ziel der sozialen Teilhabe. Die Förderung der Tagesstätte besteht im Wesentlichen aus ergotherapeutischen, alltagspraktischen, arbeitstherapeutischen, kommunikativen sowie kulturellen Angeboten.

In der Regel werden die Teilnehmer*innen der Tagesstätte durch eine*n persönliche*n Bezugsbetreuer*in begleitet. Diese*r ist sowohl in besonderer

Weise für die Belange der jeweiligen ihm*ihr zugeordneten Person verantwortlich als auch die primäre Ansprechperson in persönlichen Angelegenheiten. Nach Britta Schroll (2007, S. 18) wird Bezugsbetreuung als organisatorisches und pädagogisches Konzept verstanden,

> »[…] das die größtmögliche individuelle Betreuung und Versorgung von hilfebedürftigen Menschen im Kontext einer Hilfestruktur […] durch die Bündelung von Zuständigkeit und Verantwortung sowie durch Schaffung einer individuellen, professionellen und tragfähigen Beziehung ermöglicht.«

Daneben ist der*die Bezugsbetreuer*in Informationsgeber*in für andere Bereiche in der Einrichtung, Angehörige und gesetzliche Betreuer*innen. Es können individuelle Förderziele besprochen und realisiert werden. Hierzu wird eine Kombination von Angeboten der Tagesstätte entsprechend den Bedürfnissen der Nutzer*innen entwickelt. Grundlage für die Förderziele ist der Hilfeplan, der im Laufe des Antragsverfahrens in der Hilfeplankonferenz erstellt wird. Daraus kann geschlussfolgert werden, dass das Konzept der Bezugsbetreuung für einen längerfristigen Beziehungsaufbau vorgesehen ist. Neben den in Kapitel 6.3 genannten Einflussgrößen auf die professionelle Beziehungsgestaltung geht es bei der Bezugsbetreuung um das Erleben von positiven Beziehungserfahrungen im Hinblick auf Vertrauen, Verlässlichkeit, Sicherheit und Stabilität in dem jeweiligen Arbeitsbündnis. Im Rahmen der Bezugsbetreuung mit psychisch erkrankten Menschen kommt der Orientierung an den psychischen Grundbedürfnissen eine Schlüsselfunktion zu.

 Schreiben Sie vier Bedürfnisse auf, die Sie im Moment haben.

Nach Grawe (2004) besitzt der Mensch folgende vier Grundbedürfnisse:

- Bindung
  In Anlehnung an Bowlby wird von einem angeborenen Bedürfnis ausgegangen, mit einer Bezugsperson verbunden zu sein, die sich liebevoll und feinfühlig verhält, zuverlässigen Schutz, Trost, Hilfe und Halt vermittelt. Während dieses grundlegende Bedürfnis nach Zugehörigkeit und Nähe zu einer Bezugsperson bei Kindern vor allem in den Beziehungen zu Eltern bzw. Elternfiguren zum Tragen kommt, spielen bei Erwachsenen Paarbeziehungen und enge Freundschaften eine wichtige Rolle.

- Selbstwerterhöhung und Selbstwertschutz
  Hierunter wird das Bedürfnis verstanden, sich selbst kompetent, wertvoll und von anderen geschätzt zu fühlen. Zur Ausbildung eines stabilen Selbstwertgefühls wird ein anerkennendes und wertschätzendes Umfeld benötigt, das ebenfalls Zutrauen und Unterstützung vermittelt.
- Orientierung und Kontrolle
  Dieses Bedürfnis bezieht sich auf eine sichere Umwelt, die weitestgehend vorhersagbar ist und Möglichkeiten zur eigenen Einflussnahme eröffnet. Dabei ist mit Kontrolle nicht etwa das Kontrollieren und Bevormunden anderer gemeint, sondern das Empfinden von Selbstwirksamkeit.
- Lustgewinn und Unlustvermeidung
  Hierunter wird das Bedürfnis verstanden, angenehme und lustvolle Erfahrungen zu sammeln sowie unangenehme Erlebnisse zu meiden (vgl. Kröger 2015, S. 5).

Wichtig: Dabei stehen die Grundbedürfnisse in keiner hierarchischen Struktur zueinander, sondern sind als gleichwertig anzusehen. Sie sind im Wesentlichen nur in zwischenmenschlichen Beziehungen erfüllbar bzw. können im sozialen Miteinander auch am nachhaltigsten verletzt werden.

Die Nicht-Erfüllung eines Bedürfnisses verändert die Motivationslage. Bei der entsprechenden Handlung kann zwischen Annäherungs- und Vermeidungsverhalten unterschieden werden. Während das Annäherungsverhalten auf die Befriedigung des Grundbedürfnisses abzielt, wird das Vermeidungsverhalten dazu eingesetzt, keine weiteren Verletzungen mehr zu erleben. Dazu nachfolgend ein Fallbeispiel:

Nachdem die 34-jährige Frau T. telefonisch Kontakt zu Ihnen in Ihrer Funktion als Sozialarbeiter*in in einer psychiatrischen Tagesstätte aufgenommen und um einen schnellen ersten Termin gebeten hat, kommt sie zum vereinbarten Treffpunkt fast 30 Minuten zu spät.

Im Verlauf des Gespräches wird deutlich, dass sich Frau T. seit einigen Wochen sehr niedergeschlagen fühlt. Ihre Stimmung sei ständig gedrückt, sie fühle sich einsam und habe mit Minderwertigkeitsgefühlen zu kämpfen. Ebenfalls mache ihr die Einsamkeit zu schaffen, aber sie könne ihren »inneren Schweinehund« nicht überwinden und unter Menschen gehen. Immer wieder würde es in zwischenmenschlichen Beziehungen zu Problemen kommen. Frau T. erlebt wiederholt das Gefühl von Ablehnung, weshalb ihre bisherigen Partnerschaften immer wieder konflikthaft verliefen. Frau T. neige in schwierigen Situationen zur Selbstverletzung. Sobald das Thema »Trennung« im Raum stehe, reagiere sie aufbrausend mit Weinen, Schreien und Drohungen, sich umzubringen. Seit der Pubertät habe sie Suizidgedanken, die sie schon mehrfach versucht habe, in die Tat umzusetzen. Sie greife dann immer zu Medikamenten. Dies sei auch der Grund, weshalb ihre 3-jährige Tochter bei einer Pflegefamilie lebe. Kontakt zum Kindesvater bestehe seit gut zwei Jahren nicht mehr. Der Anlass für die Kontaktaufnahme zur Tagesstätte sei, dass es »so nicht weiter gehen kann«, sie möchte endlich ein ganz normales Leben führen.

In einem weiteren Gespräch geht Frau T. auf ihre Kindheit ein. Sie berichtet, dass sie als fünftes Kind von ihrer Mutter nicht mehr versorgt werden konnte und bei ihren Großeltern aufwuchs. Diese wollten sie eigentlich nicht, fühlten sich aber verpflichtet, sie bei sich aufzunehmen. Die Atmosphäre sei wenig liebevoll gewesen. Gelegentlich sei sie von ihrem Großvater geschlagen worden. Das Gefühl, wertlos zu sein, wurde ihr immer wieder vermittelt. Um Aufmerksamkeit zu erhalten, habe sie immer wieder in verschiedenen Supermärkten Kleinigkeiten eingesteckt. Ihre Großeltern sperrten sie daraufhin in ihrem Zimmer ein und drohten ihr an, sie ins Heim zu stecken. Es hätte viel Streit und Schreierei zwischen den Großeltern gegeben. Aufgrund der ländlichen Lage habe sie außerdem wenig Kontakt zu anderen Kindern und Jugendlichen gehabt. Ihre Mutter sei ab und zu vorbeigekommen, aber es sei nie ein inniges Verhältnis zwischen ihnen entstanden. Vor einigen Jahren sei die Mutter verstorben. Zu ihren Geschwistern bestehe ein sporadischer Kontakt.

In einem dritten Gespräch berichtet Frau T. von ihrem bisherigen schulischen und beruflichen Werdegang. Mit viel Mühe habe sie den Realschulabschluss geschafft. Im Anschluss habe sie eine Lehre zur Bäckereifachverkäuferin begonnen, die sie auch abgeschlossen habe. Nachdem sie einige Jahre in diesem Beruf tätig gewesen sei, wurde sie entlassen. Seitdem bemühe sie sich nicht mehr aktiv um eine neue Stelle.

Lesen Sie sich das Fallbeispiel aufmerksam durch. Beantworten Sie anschließend folgende Fragen:

- Durch welche Lebenserfahrungen wurde eine gelingende Persönlichkeitsentwicklung von Frau T. erschwert?
- Wie wirken sich diese Faktoren auf die Beziehungsgestaltung aus?

- Wie würden Sie vorgehen, um eine gute Arbeitsbasis mit Frau T. herzustellen?
- Was können Sie tun, damit Frau T. positive Beziehungserfahrungen sammeln kann?

Zu den schädigenden Lebenserfahrungen, die Frau T. erlebt hat, gehören u. a. die fehlende Zuwendung und Verfügbarkeit der Mutter, die Abwertung durch die Großeltern sowie die fehlende Möglichkeit, jemandem das Erlebte anzuvertrauen. Frau T. fällt es sehr schwer, Vertrauen zu einer anderen Person aufzubauen, weil sie sich wertlos fühlt. Hier kann ein Ansatzpunkt für die professionelle Beziehungsgestaltung liegen. Bevor überhaupt ein tragfähiges Arbeitsbündnis möglich ist, muss Frau T. das Gefühl von Angenommensein erfahren, frei nach dem Motto »Bleib so, wie du bist«. Ein klar abgesprochener Gesprächsrahmen und -ablauf bietet Orientierung und Halt. Für den*die Sozialarbeitende*n ergibt sich hieraus, sich anfangs viel Zeit für Frau T. zu nehmen. Zuhören, Verständnis, Empathie und Zuverlässigkeit können im Fall von Frau T. besondere Bedeutung zukommen. Ggf. können gemeinsame Handlungen hilfreich sein. So kann Stück für Stück ein Zugang zu Frau T. im Rahmen der Bezugsbetreuung in der psychiatrischen Tagesstätte unter Beachtung der Grundbedürfnisse nach Bindung, Selbstwerterhöhung, Orientierung und Kontrolle sowie Lustgewinn/Unlustvermeidung erfolgen.

6.4.3 Ambulant Betreutes Wohnen

Das Ambulant Betreute Wohnen gilt landläufig als das klassische Arbeitsfeld für Beziehungsarbeit und ist größtenteils Handlungsfeld von Sozialarbeiter*innen. Hierbei handelt es sich um ein langfristig konzipiertes und verbindlich vereinbartes ambulantes Dienstleistungsangebot, das sich auf Hilfestellungen beim Leben in der eigenen Wohnung bezieht. Im Vordergrund steht Freiwilligkeit. Die Betreuung findet in der Regel durch feste Bezugsbetreuer*innen in Form von Hausbesuchen statt. Das heißt, die Nutzer*innen leben in ihren eigenen angemieteten Wohnungen. Durch die Orientierung am Normalisierungsprinzip ist das Ziel dieser Hilfe das Ermöglichen eines gelingenden Alltags. Bevor professionelle Hilfe zum Einsatz kommt, wird geprüft, welche nichtprofessionellen Hilfen in der Lebenswelt bestehen und in Anspruch genommen werden können. Fragt man psychiatrieerfahrene Menschen, wie sie diese Art von Hilfe wahrnehmen, finden sich Umschreibungen wie Lebensbegleitung, Unterstützung in allen Lebensbereichen, individuelle Hilfe und persönliche Assistenz. Durch den engen Bezug zur Lebenswelt der psychiatrieerfahrenen Menschen dringen professionelle Helfer*innen tief in die Privatsphäre der betreffenden Personen ein.

Eine erste Annäherung daran, wie sich psychisch erkrankte Menschen das Arbeitsbündnis im Ambulant Betreuten Wohnen vorstellen, findet sich in Interviews, die ich im Rahmen meiner Dissertation geführt habe (vgl. Effinghausen 2014). Ziel der Studie war es, Einblicke in die Lebenssituation und die Krankheitsbewältigung von chronisch psychisch erkrankten Menschen im Ambulant Betreuten Wohnen zu erhalten. Darauf aufbauend wurden Empfehlungen für professionell Helfende entwickelt, wie sie psychiatrieerfahrene Menschen dahingehend befähigen können, besser und zunehmend selbstbestimmter mit ihrer Erkrankung umzugehen. Insgesamt wurden 16 Interviews mit psychiatrieerfahrenen Menschen, Sozialarbeiter*innen, Psychiater*innen sowie Angehörigen geführt.

Dass die Beziehungsgestaltung die Grundlage für das Ambulant Betreute Wohnen bildet, wird durch die folgende Aussage der jungen Sozialarbeiterin Karin P., 28 Jahre, deutlich:

> »Erfolg ist, einmal hereingelassen zu werden, Kontakt zu haben, einen wirklichen Kontakt zu haben – das, finde ich, ist Erfolg. Erfolge sind natürlich auch Veränderungen und auch Schritte in Richtung vereinbarter Ziele. Für viele ist Erfolg Erhaltung des Status quo. Ja, für mich ist auch Erfolg, wenn man einmal zusammen gelacht hat, wenn ich da gewesen bin. Also auch so Lebendigkeit fühlen, auf alle Fälle.«

Hier zeigt sich deutlich, dass der Beziehungsaspekt im Mittelpunkt des Handelns steht. Hubert K., ein 63-jähriger Sozialarbeiter, der seit über fünfzehn Jahren bei einem freien Träger beschäftigt ist, bestätigt, dass zunächst die elementaren Bedürfnisse befriedigt sein müssen, bevor es überhaupt an die eigentliche Beziehungsgestaltung gehen kann:

> »Oft geschieht ja eine Aufnahme auch in einer Hilfesituation, wo Menschen vielleicht eine Wohnung suchen, wo auch wirklich ein sehr akuter Hilfebedarf besteht. Und Geldknappheit, Verschuldung, irgendwie halt oft eine Notsituation,

> und da wird das Hilfegeschehen oder das, was zu erbringen ist, erstmal auch durch die Notwendigkeiten diktiert. Und dann kann man sich vielleicht auch mal Bereichen zuwenden, die dann den Klienten auch ein Stück weit durch eine persönliche Begegnung in den Vordergrund stellt oder so etwas.«

Daraus lässt sich eine Hierarchie in der Aufgabenstellung ableiten. Zunächst gilt es, die Grundbedürfnisse im Hinblick auf Nahrung, Wohnraum, finanzielles Auskommen usw. zu stillen, also eine Art Erste Hilfe zu leisten. Daran anknüpfend geht es dann um den eigentlichen Beziehungsaufbau. Für die Gestaltung des Arbeitsbündnisses sind nach Alexander M. (31 Jahre alt, seit 11 Jahren psychisch erkrankt und drogenabhängig, Nutzer des Ambulant Betreuten Wohnens) vor allem soziale Kompetenzen in Form von Zuhören, Empathie und Animation wichtig.

> »Na ja, dass er mir einfach zuhört, ich mit dem über alles sprechen kann, dass er mir zuhört, dass ich Hilfe erwarte. Ja, oder dass er auch ein bisschen mehr auf mich eingeht. Auch wenn es nur anderthalb Stunden sind. Ich möchte, dass er mich unterhält, ich mit ihm über alles sprechen kann.«

Ebenfalls möchte Alexander M., dass kein freundschaftliches Verhältnis zu seinem ambulanten Betreuer besteht. Vielmehr bedeutet ihm die Wahrung und das Respektieren seiner Privatsphäre viel. So gibt Alexander M. auf die Frage nach der Motivation bei seiner Freizeitgestaltung durch seinen psychosozialen Helfer Folgendes zu bedenken:

> »Ja, aber wenn ich mit meinem Betreuer gehe, dann würde ich ja mit meinem psychiatrischen Papa gehen (lacht): Wissen Sie, wie ich das meine? [...] Ich käme mir blöd vor. Dann würde ich doch lieber mit meinen Freunden dahin gehen, in die Disco oder so. Also, ich bin so weit eigentlich selbstständig, dass ich eigentlich mein Leben soweit geregelt kriege, rein theoretisch.«

In der Redewendung »psychiatrischer Papa« offenbart sich der Wunsch nach Abgrenzung. Für seinen ambulanten Betreuer besteht dabei die Herausforderung, die »richtige« Balance von Nähe und Distanz zu finden.

Welche Schlüsse lassen sich aus diesen Ergebnissen der Studie für die professionelle Beziehungsarbeit ziehen? Während der Gespräche zeigte sich immer wieder, dass das A und O für einen erfolgreichen Hilfeverlauf die Beziehung zwischen professionell Helfenden und psychiatrieerfahrenen Personen ist. Deshalb ist überraschend, dass entsprechende Handlungskonzepte in der Sozialen Arbeit nach wie vor fehlen, obwohl vor allem psychologische Erkenntnisse gezeigt haben, dass die Beziehungsarbeit im psychotherapeutischen Bereich als zentraler Wirkfaktor für den Erfolg der Therapie angesehen werden kann.

Gleicht man die Studienergebnisse mit der aktuellen Literatur ab, zeigt sich folgendes Bild: Voraussetzung für den Aufbau und die Ausgestaltung einer professionellen Beziehung ist zunächst, dass zeitliche, institutionelle und ökonomische Freiräume existieren. Beziehungen wiederum bauen auf Kommunikation und Interaktion auf. Für eine langfristig wirksame Beziehungsgestaltung mit psychisch erkrankten Menschen ist der Aufbau von Vertrauen wesentlich. Gelingt dies nicht, ist eine konstruktive Zusammenarbeit erschwert.

Im Ambulant Betreuten Wohnen kommt der Balance von Nähe und Distanz im Rahmen der Beziehungsarbeit eine zentrale Funktion zu. Denn psychosozial Helfende agieren in der Lebenswelt der betreffenden Personen und tauchen so in sehr persönliche Bereiche ein. Einerseits ist Nähe wichtig, um überhaupt eine verlässliche und vertrauensvolle Beziehung zu den Nutzer*innen der Maßnahme aufbauen zu können, andererseits soll durch Distanz das autonome und eigenständige Handeln erhalten bzw. ermöglicht werden. Schnell kann es gerade im ambulanten Kontext dazu kommen, dass die Grenzen zwischen beruflicher und privater Beziehung verschwimmen und eine Grenzziehung schwierig ist. »Die Verdeutlichung der Grenzen zur privaten Beziehung bedarf entsprechend konstanter Aufmerksamkeit« (Heiner 2007, S. 459). Weil in der Regel im Ambulant Betreuten Wohnen nach dem Bezugsbetreuersystem gearbeitet wird, kommt neben der häufig ähnlichen Altersstruktur zwischen Sozialarbeiter*in und Nutzer*in und aufgrund der Nähe zur eigenen Lebenswelt, eine etablierten Duz-Kultur durch die oft langjährige Unterstützung durch ein und dieselbe professionell helfende Person hinzu. Im Verlauf des Arbeitsprozesses gibt es immer mehr Ähnlichkeiten zu privaten Beziehungen. Neben den in Kap. 4.1 genannten Abgrenzungen unterscheidet sich die helfende Beziehung nicht nur in einer klaren formalen Rollenverteilung (Helfer*in – Adressat*in), ihrer Entstehung, Zweck- und Zielorientierung sowie der Wahlfreiheit, sondern auch in ihrer Fachlichkeit. Je nach vordergründigem Störungsbild gibt es Besonderheiten im Umgang mit der jeweiligen Person.

> Obwohl die jeweilige psychiatrische Diagnose sowohl zu Standardisierungen und Vergleichbarkeit von Krankheitsbildern einlädt als auch hilfreiche Ansatzpunkte für die sozialarbeiterische Praxis bietet, wird keine Aussage über die jeweiligen individuellen Interaktionsprozesse zwischen Helfer*in und Adressat*in, die wiederum in spezielle institutionelle Kontexte eingebunden sind, getätigt.

In den letzten Jahren hat sich die Adressat*innenstruktur stark verändert. Immer öfter sind zwei Gruppen in psychiatrischen Einrichtungen anzutreffen. Bei der ersten Gruppe handelt es sich überwiegend um junge Frauen mit einer Borderline-Persönlichkeitsstörung. Die zweite Gruppe beinhaltet junge Männer mit Doppeldiagnosen, d. h. neben der psychischen Erkrankung besteht auch eine Substanzabhängigkeit (vgl. Hetzel 2007, S. 14 ff.). Exemplarisch werden im Nachfolgenden die Besonderheiten beider Gruppen in Bezug auf die Beziehungsgestaltung vorgestellt:

Charakteristisch für Menschen mit einer *Borderline-Persönlichkeitsstörung* ist eine tiefgreifende Störung des emotionalen Erlebens und der Emotionsregulation. Damit einher gehen Schwierigkeiten in der Steuerung eigener Gefühle mit der Folge, dass Menschen mit einer Borderline-Persönlichkeitsstörung die Unterscheidung eigener Emotionen von denen anderer Menschen schwerfällt. Sie konnten es nicht lernen, Erregungen zu regulieren und emotionale Spannungen auszuhalten. Oft wird dann auf kurzfristig wirksame Entlastungsstrategien wie Drogen, Essattacken und/oder Selbstverletzungen zurückgegriffen. Nach Jochen Schweitzer und Arist von Schlippe (2006, S. 143 f.) sind die therapeutischen Interaktionen zwischen den Adressat*innen mit einer Borderline-Persönlichkeitsstörung und den professionell Helfenden durch folgende Beziehungsmuster gekennzeichnet:

- Einladung zum Mitagieren
  Häufig kommt eine hohe Psychodynamik mit ausgeprägter Konfliktspannung und einer ambitioniert gesuchten Parteilichkeit vor.
- Einladung zur Spaltung
  Die Bewertung der professionellen Beziehung ist durch Ambivalenz geprägt:

Einerseits besteht der Wunsch nach symbiotischer Nähe, andererseits ist der Drang nach Abbruch der helfenden Beziehung vorhanden.

- Einladung zur Langzeittherapie oder zum Abbruch
  Die Tragfähigkeit der Beziehung wird immer wieder von Betroffenen durch Abwertung und Krisen getestet. Der Abbruch des Arbeitsbündnisses steht oft im Raum. Grund hierfür ist, dass ausgelotet wird, ob sie, anders als in früheren Beziehungen, ausgehalten werden.
- Einladung zur Kontextausblendung
  Die wechselhafte Stimmung und das wechselhafte Verhalten prägen den Hilfeprozess. Obwohl Menschen mit einer Borderline-Persönlichkeitsstörung ein gutes Gespür für ihre Mitmenschen haben, verfügen sie selbst nur über eine wenig ausgeprägte Wahrnehmungsdifferenzierung. So werden krisenauslösende Bedingungen für das eigene Verhalten nur unzureichend reflektiert.

Diese kurz skizzierten Besonderheiten zeigen, dass eine Beziehungsarbeit mit Menschen mit einer Borderline-Persönlichkeitsstörung eigentlich nur in emotional stabilen Zuständen erfolgen kann. Dabei erscheint eine zu stark auf die Beziehung angelegte sozialarbeiterische Tätigkeit als wenig produktiv. Denn durch eine zu enge Helfer*in-Adressat*in-Beziehung können sich frühere traumatische Beziehungserfahrungen aktualisieren.

Bei der zweiten Gruppe handelt es sich um überwiegend junge Männer mit einer *Doppeldiagnose*. Hierunter wird das gleichzeitige Auftreten einer substanzbedingten und mindestens einer weiteren psychischen Störung, in diesem Fall eine psychotische Erkrankung, gefasst. Unter den Begriff »Psychose« fallen einige psychische Störungen. Gemeinsam ist ihnen, dass das Denken, die Wahrnehmung, die Stimmung und das Verhalten verändert sein können. Oft tritt massive Angst auf. Charakteristisch für diese Gruppe sind in der Regel junge Männer, die meist nur wenig familiären Rückhalt haben. Häufig befinden sie sich nach einer psychotischen Krise in einer Akutbehandlung und benötigen im Anschluss an den Klinikaufenthalt weitere Unterstützung. Lange Therapiekarrieren, fehlende Krankheitseinsicht, hohe Rückfall- und Therapieabbruchraten sowie soziale Isolation, Gewalt, Inhaftierung und Obdachlosigkeit kennzeichnen diese Personengruppe. Dabei zeichnen sich folgende Beziehungsmuster ab (vgl. Schweitzer/Schlippe 2006, S. 48 ff.):

- Nachreifungsproblematik
  Psychotische Menschen können bei professionell Helfenden regressive Reaktionen auslösen, die die inneren Ambivalenzen der Adressat*innen wider-

spiegeln. Andersherum reagieren sie sehr sensibel auf Spannungen in Betreuungsteams.

- Weiche Wirklichkeitskonstruktion
  Die Kommunikation verläuft vage und uneindeutig. So ist die psychotische Person körperlich präsent und kann sich zeitgleich ein Stück entfernen, ohne sich im Gespräch zu verlieren.
- Exkommunikation
  Wird die Kommunikation beispielsweise durch Halluzinationen oder sozialen Rückzug zu abweichend, droht die gleichberechtigte Kommunikation in den vorhandenen sozialen Bezügen zu brechen.

Die Beziehungsgestaltung zu Menschen mit Doppeldiagnose stellt eine Herausforderung dar. Gerade im Hinblick auf grenzüberschreitendes Verhalten sollte die Diagnose nicht als »Freibrief« verstanden werden. Vielmehr sollte davon ausgegangen werden, dass das eigene Verhalten stets beeinflussbar ist.

Fallbeispiel

Frau K., 23 Jahre alt, hat bisher bei ihrer Mutter gelebt. Seit der Trennung ihrer Eltern pflegt sie zu ihrem Vater eine sporadische Beziehung. Besonders bei finanziellen Engpässen meldet sie sich bei ihm. Die Hauptschule hat Frau K. beendet. Seitdem lebt sie von ALG II. Immer wieder kommt es wegen ihres Drogenkonsums zu Streitigkeiten mit ihrer Mutter. Sie klaut nicht nur bei ihrer Mutter Geld, sondern begeht auch kleinere Delikte im Kaufhaus. Zahlreiche Anzeigen sind die Folge. Nachdem Frau K. nun zum fünften Mal vollgedröhnt von der Polizei in die Psychiatrie eingeliefert wurde, ist die Mutter nicht mehr bereit, sie zu Hause aufzunehmen. Ein gesetzlicher Betreuer wird bestellt. Er findet schnell eine Unterkunft für Frau K. in einem sozialtherapeutischen Wohnheim. Hier fühlt sich Frau K. nicht wohl und begeht immer wieder Regelverletzungen. Vor allem ihr häufiges Wegbleiben über mehrere Tage führt zur Kündigung des Wohnheimplatzes. In ihrer Verzweiflung nimmt Frau K. Medikamente und konsumiert exzessiv Wodka, sodass sie wieder in die Psychiatrie eingeliefert wird. Von hier erhält Frau K. einen Beschluss über 6 Monate für eine geschlossene Unterbringung. Dort begeht sie bei ihren Ausgängen wiederholt Fluchtversuche, sodass der Beschluss verlängert wird. Es stellt sich heraus, dass Frau K. im nahe gelegenen Ort einen Freund hat, von dem sie nun schwanger ist.

 Frau K. soll in nächster Zeit entlassen werden. Ihr gesetzlicher Betreuer möchte Frau K. eine letzte Chance einräumen, in den »eigenen vier Wänden« zu leben. Um sie bei der Wohnungssuche zu unterstützen, werden Sie in Ihrer Funktion als Sozialarbeiter*in im Ambulant Betreuten Wohnen zu einem Erstkontakt mit Frau K. eingeladen. Dieser findet noch im Heimbereich statt. Beantworten Sie vor dem ersten Treffen folgende Fragen:

- Wie gestalten Sie die Kontaktaufnahme zu Frau K.?
- Auf welche störungsspezifischen Herausforderungen können Sie treffen?
- Was können Sie für ein ausgewogenes Nähe-Distanz-Verhältnis tun?

Im Fall von Frau K. bietet es sich zunächst an, über die gemeinsamen Handlungen einen Zugang zu ihr zu finden. Hier wird es vor allem um die gemeinsame Wohnungssuche sowie die anschließenden Besichtigungen gehen. Wichtig ist eine klare Termin-, Aufgaben- und Zeitabsprache, damit es nicht zu Missverständnissen und unausgesprochenen Erwartungen kommt. Dabei ist der Thematisierung von »Frust« und »Stress« Platz einzuräumen und nach geeigneten Bewältigungsstrategien zu suchen, um keinen Rückfall zu erleben. Auch der Frage nach dem eigenen Auftreten vor dem*der potenziellen Vermieter*in ist nachzugehen, d. h. wie stellt sich die psychosozial helfende Person vor? Gibt sie sich zu erkennen oder bleibt sie lieber inkognito, um einer möglichen Stigmatisierung entgegenzuwirken?

6.5 Auf einen Blick

Unabhängig vom sozialarbeiterischen Handlungsfeld sind für die Beziehungsarbeit Kompetenzen im Bereich der Beratung unabdingbar. Denn die moderne Auffassung von Beratung ist nicht nur geprägt von einem veränderten Verständnis dessen, was Intention und Gegenstand der Beratung ist, sondern auch wie die professionelle Beziehung zu gestalten ist. Schon lange findet keine Orientierung mehr an den Defiziten der betreffenden Personen statt und sie wird auch nicht mehr als eine einmalige, punktuelle Angelegenheit begriffen. Beratung wird heutzutage als ein Prozess der Weiterentwicklung der Adressat*innen verstanden, bei dem der*die Berater*in bei der Findung eigener Lösungen unterstützend unter Beachtung der individuellen Ressourcen zur Seite steht.

Damit soll Beratung zur Erweiterung von Deutungsmöglichkeiten beitragen, um so zu alternativen Handlungsoptionen zu gelangen. Es bedarf aufseiten der beratenden Person also mehr als nur ein fundiertes Fachwissen über Techniken der Gesprächsführung. Nach Dewe (2004, S. 119 ff.) ist vielmehr »[...] ein fundiertes und ›erfahrungsgesättigtes‹ Wissen über die Lebenssituation spezifischer Klientengruppen und der für sie sozial typischen Problemsituationen und sozial gültigen Strategien der Problembearbeitung gefordert«. Ausgangspunkt hierfür stellt die professionelle Beziehungsgestaltung dar, bei der neben Fachwissen ebenfalls Kenntnisse über die Besonderheiten der Zielgruppe in dem jeweiligen sozialarbeiterischen Kontext relevant sind. Für den Hochschulkontext lässt sich daraus ableiten, eine möglichst breite Vielfalt von Adressat*innen der Sozialen Arbeit in unterschiedlichen Settings im Lehrplan zu berücksichtigen.

7 Wie geht es *beziehungsweise* weiter?

Auf professionelle Hilfe werden fast alle von uns schon einmal angewiesen gewesen sein. An was denken wir zuerst, wenn wir der Meinung sind, dass die Unterstützung gut war? An Fachwissen oder die Organisation des Hilfeprozesses? Oder wie die Person auf uns zugegangen ist und wie die Atmosphäre war? Ich vermute Letzteres …

Beziehungskompetenz ist ein zentraler Bestandteil der sozialarbeiterischen Professionalität. Unterschiedliche Faktoren beeinflussen die Gestaltung der Beziehung. So läuft sie nicht einfach nur nebenher und findet sich irgendwie, vielmehr trägt eine intensive Auseinandersetzung mit dieser Thematik zu einem gelungenen Prozess bei. Ein paar Antworten hierauf lassen sich vielleicht im vorliegenden Buch finden.

Zum Abschluss noch einige Gedanken zum zukünftigen Stellenwert der Beziehungsarbeit im Rahmen der Sozialen Arbeit. Hierfür ist es unerlässlich, sich mit der weiteren Entwicklung der Profession zu beschäftigen. Kaum eine andere Branche wächst so stark wie die sozialen Berufe und bietet somit ebenfalls einen sicheren Arbeitsplatz. Dennoch gibt es drei Bereiche, die einen Schatten auf das Berufsfeld werfen und damit ebenfalls einer gelungenen Beziehungsarbeit im Wege stehen können. Nach dem Deutschen Gewerkschaftsbund (2017, S. 13 ff.) betrifft dieses vor allem die Bereiche:

- Abbau des Wohlfahrtstaates
- Controlling
- psychische Belastungen der Sozialarbeitenden

So befindet sich seit Mitte der 1990er-Jahre der soziale Bereich in einem staatlichen »Change Management« (Veränderungsmanagement): Der Sozialsektor wird für privat-gewerbliche Anbieter geöffnet, die freien Träger werden durch Kontraktmanagement gesteuert und die retrospektive Zuwendungsfinanzierung wird umgestellt auf prospektive Entgelte. All das hat zum Ziel, das bestehende System sozialer Dienste effizienter zu gestalten – das heißt, letztlich den Kostenträgern mehr Kontrolle über das Leistungsgeschehen und über die Kostenentwicklung zu geben. Der Staat zieht sich seitdem immer weiter zurück. Er setzt auf Privatisierung und Deregulation. Die Rolle der öffentlichen Verwaltung beschränkt sich zunehmend auf die Beauftragung, Finanzierung und Koordination sozialer Dienste. Der Wettbewerbsdruck unter freien und privaten Trägern gehört zum Alltagsgeschäft. Damit einher geht ein »neues« gesellschaftliches Leitbild von dem*der aktiven, mündigen Bürger*in, der*die selbst für das eigene Schicksal verantwortlich ist. Es kristallisiert sich das Leitbild des Homo oeconomicus heraus. »Kund*innen« müssen aktiv unter Nutzung ihrer eigenen Ressourcen wettbewerbsfähig gemacht und damit unabhängig von professioneller Hilfe werden. Passgenaue und effektive Unterstützungen werden in überschaubaren Zeiträumen eingesetzt und ebenfalls beendet, wenn sie nicht fruchten. Neben diesen Arbeitsbelastungen kommen nicht nur niedrige Entlohnung, befristete Arbeitsverhältnisse und mangelnde Anerkennung hinzu, sondern auch durch lang anhaltende Kontakte zu den Adressat*innen der Sozialen Arbeit kann es zum Fehlen von schützender Distanz kommen. All dies kann zu Stress und in der Folge Arbeitsüberforderung führen und steht einer guten Arbeitsbeziehung entgegen. Es bleibt abzuwarten, wie sich die Beziehung zwischen Sozialarbeitenden und Adressat*innen in Zukunft verändern wird. Hierzu ein paar mögliche Gedanken aus Nutzer*innensicht:

1. Kundenorientierung
   - Pro: Vorteile für die betreffenden Personen der gegenwärtigen Entwicklung können einerseits darin gesehen werden, dass sie im optimalen Fall ein deutlich stärkeres Wunsch- und Wahlrecht haben. Sofern sie mit einer Hilfeleistung nicht einverstanden sind, können sie sich einen anderen Anbieter suchen. Entsprechend liegt es an den psychosozial Helfenden, sich um eine gute Arbeitsbasis zu bemühen.
   - Contra: Andererseits könnte eine höhere Nachfrage der vorhandenen Angebote dazu führen, dass es zu Wartelisten kommt und sich infolgedessen nicht mehr individuell um die*den Einzelne*n bemüht wird, wie es im umgekehrten Sinn der Fall wäre.

2. Kosten
   - Pro: Durch eine stärkere Einflussnahme des Staates auf die Kostenentwicklung und damit einhergehender Kontrolle kann eine intensivere Zielerreichung erfolgen. Basis stellt hierfür wiederum die Arbeitsbeziehung dar.

Contra: Falls die Hilfe nicht im bewilligten Zeitraum den gewünschten Erfolg gebracht hat, kann sie beendet werden. Damit wird sowohl auf Anbieter*innen- als auch auf Kund*innenseite Druck aufgebaut, der hinderlich für einen Beziehungsaufbau sein kann.

3. Arbeitsverhältnisse
   Pro: Durch den expandierenden sozialen Sektor kommt es zu einem Wachstum der sozialarbeiterischen Teams. So besteht nicht nur eine größere Auswahl im Hinblick auf eine mögliche Bezugsbetreuung, sondern auch die Möglichkeit, kollegiale Fallbesprechungen durchzuführen, steigt.
   Contra: Die Folge von prekären Arbeitsverhältnissen kann ein häufigerer Arbeitgeberwechsel von Mitarbeiter*innen sein. Hierdurch wird eine längerfristige professionelle Arbeitsbeziehung unmöglich.

Diese kurze Auflistung ließe sich sicherlich noch beliebig erweitern. Die Intention dabei ist, aufzuzeigen, dass jede Veränderung sowohl auf staatlicher, institutioneller als auch persönlicher Ebene mit Vor- und Nachteilen einhergeht. Festzuhalten bleibt, dass unabhängig von den gesellschaftlichen, politischen und wirtschaftlichen Veränderungen für die Soziale Arbeit stets eines so bleiben wird, wie es ist: Beziehungsgestaltung stellt die Basis für den weiteren Unterstützungsprozess dar! Je nach Zielgruppe und Einrichtung bedarf es weiterer spezifischer Kompetenzen, die im vorliegenden Arbeitsbuch exemplarisch am Personenkreis psychiatrieerfahrener Menschen in unterschiedlichen Kontexten beleuchtet wurden.

Literatur

Abeld, R. (2017): Professionelle Beziehungen in der Sozialen Arbeit. Wiesbaden.

Ainsworth, M. D. S./Blehar, M. C./Waters, E./Wall, S. (1978): Patterns of attachment – A psychological study of the strange situation. Hillsdale.

Armuts- und Reichtumsbericht (2017): Lebenslagen in Deutschland – Der Fünfte Armuts- und Reichtumsbericht der Bundesregierung. Im Internet unter: https://www.bmas.de/SharedDocs/Downloads/DE/PDFPressemitteilungen2017/5-arblangfassung.pdf;jsessionid=F02136EFA98DDC 240AEE5321C76 42699?__blob=publicationFile&v=9 (letzter Zugriff: 20.10.2019).

Asendorpf, J./Banse, R. (2000): Psychologie der Beziehung. Bern.

Assmann, A./Krüger, J. O. (2011): Ironie in der Pädagogik. Theoretische und empirische Studien zur pädagogischen Bedeutsamkeit der Ironie. Weinheim/München.

Bamberger, G. (2005): Lösungsorientierte Beratung. 3. Aufl. Weinheim/Basel.

Bauer, R. (2018): Beziehungspflege. 3. Aufl. Bern.

Bauriedl, T. (1980): Beziehungsanalyse: Das dialektisch-emanzipatorische Prinzip der Psychoanalyse und seine Konsequenzen für die Familientherapie. Frankfurt.

Beck, U. (1996): Das Zeitalter der Nebenfolgen und die Politisierung der Moderne. In: Giddens, A./Lash, S. (Hg.): Reflexive Modernisierung – Eine Kontroverse. Frankfurt a. M. S. 19–112.

Beck, U. (1986): Risikogesellschaft – Auf dem Weg in eine andere Moderne. Frankfurt a. M.

Becker-Lenz, R./Busse, S./Ehlert, G./Müller-Hermann, S. (Hg.): Professionalität Sozialer Arbeit und Hochschule. Wissen, Kompetenz, Habitus und Identität im Studium Sozialer Arbeit. Wiesbaden.

Becker-Stoll, F./Fremmer-Bombik, E./Wartner, U./Zimmermann, P./Grossmann, K. E. (2008): Is attachment at ages 1, 6 and 16 related to autonomy and relatedness behavior of adolescents in interaction towards their mothers? In: International Journal of Behavioral Development, 32 (5), S. 372–38.

Beerlage, I./Busse, S./Fabian, T./Giese, E./Haselmann, S./Mulkau, A. (1999): Von einer Psychologie für die Soziale Arbeit zu einer Sozialarbeitspsychologie. Verhaltenstherapie und Psychosoziale Praxis, 31 (3), S. 361–386.

Berking, M./Kowalsky, J. (2012): Therapiemotivation. In: Berking, M./Rief, W. (Hg.): Klinische Psychologie und Psychotherapie für Bachelor – Bd. 2 Therapieverfahren Lesen, Hören, Lernen im Web. Berlin/Heidelberg. S. 13–21.

Beushausen, J. (2014): Beratung und Therapie – Ein paradoxer Unterschied. Im Internet unter: https://opus.bsz-bw.de/fhdo/frontdoor/deliver/index/docId/55/file/Jürgen-Beushausen-Beratung-und-Therapie.pdf (letzter Zugriff: 01.05.2019).

Beutler, L. E./Harwood, M. T. (2000): Prescriptive therapy: A practical guide to systematic treatment selection. New York.
Beutler, L. E./Moleiro, C. M./Talebi, H. (2011): Widerstand. In: Hermer, M./Röhrle, B. (Hg.): Handbuch der therapeutischen Beziehung. Bd. 1. Tübingen. S. 677–704.
Bolten, M. (2009): Klinische Bindungsforschung. In: Schneider, S./Margraf, J. (Hg.): Lehrbuch der Verhaltenstherapie. 3 Bd. Heidelberg. S. 55–76.
Bowlby, J. (1969/1982): Attachment and loss. Vol I: Attachment. 2. Aufl. New York.
Bowlby, J. (1975): Bindung. München.
Bowlby, J. (1976): Trennung. München.
Bowlby, J. (1983): Verlust. München.
Brisch, K. H. (2014): Die Bedeutung von Bindung in Sozialer Arbeit, Pädagogik und Beratung. In: Trost, A. (Hg.): Bindungsorientierung in der Sozialen Arbeit. Grundlagen – Forschungsergebnisse – Anwendungsgebiete. Dortmund. S. 15–36.
Buestrich, M./Wohlfahrt, N. (2008): Alles beim Alten? Entwicklung der Arbeits- und Beschäftigungsbedingungen in der Sozialen Arbeit. In: SozialExtra, Jg. 32, H. 1. S. 47–51.
Bundesagentur für Arbeit (2019): Sozialarbeiter/in/Sozialpädagoge/in – Tätigkeit nach Studium. Im Internet unter: https://berufenet.arbeitsagentur.de/berufenet/faces/index?path=null/kurzbeschreibung/taetigkeitsinhalte&dkz=58775&such=Sozialarbeiter%2Fin+%2F+Sozialp%C3%A4dagoge%2F-p%C3%A4dagogin (letzter Zugriff: 23.03.2019).
Bundesministerium für Gesundheit (2018): Sucht und Drogen. Im Internet unter: https://www.bundesgesundheitsministerium.de/themen/praevention/gesundheitsgefahren/sucht-und-drogen.html (letzter Zugriff: 16.03.2019).
Bundesverband der Angehörigen psychisch kranker Menschen e. V. (2019): Hilfreiche Kommunikationstechniken. Im Internet unter: https://www.bapk.de/angebote/rat-fuer-familien/kommunikation.html (letzter Zugriff: 19.09.2019).
Busch, P. (2011): Ökologische Lernpotenziale in Beratung und Therapie. Wiesbaden.
de Shazer, S. (1999): Wege der erfolgreichen Kurztherapie. 7 Aufl. Stuttgart.
de Shazer, S. (2015): Der Dreh – Überraschende Wendungen und Lösungen in der Kurzzeittherapie. Heidelberg.
Destatis (2016): 2015: Anstieg der Verfahren zur Kindeswohlgefährdung um 4,2 %. Im Internet unter: https://www.destatis.de/DE/PresseService/Presse/Pressemitteilungen/2016/10/PD16_354_225.html (letzter Zugriff: 15.03.2019).
Destatis (2019): Überschuldete tdurchschnittlich mit dem 28-fachen ihres Monatseinkommens belastet. Im Internet unter: https://www.destatis.de/DE/ZahlenFakten/GesellschaftStaat/EinkommenKonsumLebensbedingungen/VermoegenSchulden/VermoegenSchulden.html (letzter Zugriff: 22.04.2019).
Deutscher Berufsverband für Soziale Arbeit (DBSH) (2009): Grundlagen für die Arbeit des DBSH. Essen/Berlin.
Deutscher Berufsverband für Soziale Arbeit (DBSH) (2014): Berufsethik des DBSH – Werte und Ziele. Im Internet unter: https://www.dbsh.de/fileadmin/downloads/DBSH-Berufsethik-2015-02-08.pdf (letzter Zugriff: 10.02.2020)
Deutsche Gesellschaft für Beratung (2003): Beratungsverständnis. Im Internet unter: https://dachverbandberatung.de/dokumente/DGfB_Beratungsverstaendnis.pdf (letzter Zugriff: 28.04.2019).
Deutsche Gesellschaft für Psychiatrie und Psychotherapie, Psychosomatik und Nervenheilkunde (2019): Zahlen und Fakten der Psychiatrie und Psychotherapie. Im Inter-

net unter: https://www.dgppn.de/_Resources/Persistent/933a83524dd5459f46f2d2885ff57a0b69264cef/Factsheet_Psychiatrie.pdf (letzter Zugriff: 18.03.2019).

Deutsche Gesellschaft für Soziale Arbeit (DGSA) (2016): Kerncurriculum Soziale Arbeit. Im Internet unter: https://www.hrk-nexus.de/fileadmin/redaktion/hrk-nexus/07-Downloads/DGSA_Kerncurriculum_final.pdf (letzter Zugriff: 14.10.2019).

Dewe, B. (2002): Beratung. In: Krüger, H.-H./Helsper, W. (Hg.): Einführung in Grundbegriffe und Grundfragen der Erziehungswissenschaft. Opladen. S. 119–130.

Dewe, B./Otto, H.-U. (2012): Reflexive Sozialpädagogik. In: Thole, W. (Hg.): Grundriss Sozialer Arbeit – Ein einführendes Handbuch. 4. Aufl. Wiesbaden. S. 197–218.

Diakonie Deutschland/Häusler, M. (o. J.): Johann Hinrich Wichern. Im Internet unter: https://www.diakonie.de/johann-hinrich-wichern/ (letzter Zugriff: 09.11.2018).

Domes, M./Schneider, J. M. (2014): Konfliktfeld Studium Sozialer Arbeit: Gute Lehre nach Bologna im Spannungsfeld von Wissenschaft und Praxis – (Auch) Eine ethische Verpflichtung? Vortrag im Rahmen der Jahrestagung der Deutschen Gesellschaft für Soziale Arbeit (DGSA) »Konflikte und Soziale Arbeit«. Köln.

Dörr, M./Müller, B. (2012): Einleitung – Nähe und Distanz als Strukturen der Professionalität pädagogischer Arbeitsfelder. In: Dörr, M./Müller, B. (Hg.): Nähe und Distanz – Ein Spannungsfeld pädagogischer Professionalität. 3. Aufl. Weinheim/Basel. S. 7–31.

Drogenbeauftragte der Bundesregierung (2018): Drogen- und Suchtbericht. Im Internet unter: https://www.drogenbeauftragte.de/fileadmin/dateien-dba/Drogenbeauftragte/-Drogen_und_Suchtbericht/pdf/DSB-2018.pdf (letzter Zugriff: 18.03.2019).

Eder, H. (2012): Kirche als pastorales Netzwerk – Chancen und Konsequenzen einer operativen Kirchenkonzeption. Münster.

Effinger, H. (2008): Die Wahrheit zum Lachen bringen. Humor als Medium in der Sozialen Arbeit. Weinheim/München.

Engelke, E./Spatscheck, C./Borrmann, S. (2009): Theorien der Sozialen Arbeit – Eine Einführung. 5. Aufl. Freiburg i. Br.

Erler, M. (2007): Soziale Arbeit. Ein Lehr- und Arbeitsbuch zu Geschichte, Aufgaben und Theorie. 6. Aufl. Weinheim/München.

Ernst, E./Spatscheck, C./Borrmann, S. (2009): Die Wissenschaft Soziale Arbeit: Werdegang und Grundlagen. 3. Aufl. Freiburg i. Br.

Fachbereichstag Soziale Arbeit (2016): Qualifikationsrahmen Soziale Arbeit – Version 6.0. Im Internet unter: http://www.fbts.de/fileadmin/fbts/QR_SozArb_Version_6.0.pdf (letzter Zugriff: 22.10.2019).

Fittkau, B. (2003): Ressourcenaktivierende Kurzzeitberatung. In: Krause, C./Fittkau, B./Fuhr, R./Thiel, H. (Hg.): Pädagogische Beratung. Paderborn. S. 143–150.

Fuchs, U. (2011): Das systemische Denken. Im Internet unter: http://www.wunderantwort.ch/Wunderantwort-21.pdf (letzter Zugriff: 28.06.2019).

Gahleitner, S. B. (2017): Soziale Arbeit als Beziehungsprofession. Weinheim.

Gahleitner, S. B. (2019): Professionelle Beziehungsgestaltung in der psychosozialen Arbeit und Beratung. Tübingen.

Gerhardter, G. (2001): Netzwerkorientierung in der Sozialarbeit – Eine überblicksartige Zusammenstellung zu »Soziale Netzwerke« und »Organisationsnetzwerke«. Im Internet unter: http://www.pantucek.com/diagnose/netzwerkkarte/gerhardter_netzwerk.pdf (letzter Zugriff: 18.05.2019).

Gleichberechtigung und Verletzung e. V. (2018): Wie sieht Vernachlässigung aus? Im Internet unter: http://www.kinderschutzniedersachsen.de/?3BDAD1B1E08140F9BA-5C9E4F07D78739 (letzter Zugriff: 15.03.2019).

Göttsche, B. (2009): Borderline-Störung und Beziehungsgestaltung. In: Meyer, C./Tetzer, M./Rensch, K. (Hg.): Liebe und Freundschaft in der Sozialpädagogik – Personale Dimensionen professionellen Handelns. Wiesbaden. S. 263–278.

Gratzke, E. (2012): Einflussfaktoren auf die Beziehungszufriedenheit auf Basis von Austausch- und Equitytheorie: Eine quantitative Analyse mit dem pairfam-Datensatz. Hamburg.

Grau, I./Bierhoff, H.-W. (2003): Einführung. In: Grau, I./Bierhoff, H.-W. (Hg.): Sozialpsychologie der Partnerschaft. Berlin. S. 1–12.

Grawe, K. (2000): Psychologische Therapie. Göttingen.

Grawe, K. (2016): Unsere Grundbedürfnisse. Im Internet unter: https://www.klaus-grawe-institut.ch/blog/1205/ (letzter Zugriff: 12.11.2019).

Greving, H./Heffels, W. (Hg.) (2008): Pädagogik und Soziale Arbeit – Kernkompetenzen zentraler Aufgaben. Bad Heilbrunn.

Grossmann, K./Grossmann, K. E./Kindler, H./Zimmermann, P. (2008): A wider view of attachment and exploration: The influence of mothers and fathers on the development of psychological security from infancy to young adulthood. In: Cassidy, J./Shaver, P. R. (Hg.): Handbook of attachment – Theory, research, and clinical applications. 2. Aufl. New York. S. 857–879.

Hammerschmidt, C./Heine, N. (2008): … ist es das Studentenleben, weil's von lauter Lust umgeben? Im Internet unter: https://publikationsserver.tu-braunschweig.de/servlets/MCRFileNodeServlet/dbbs_derivate_00021610/Dissertation_Heine_N.pdf (letzter Zugriff: 19.03.2019).

Hamilton, C. E. (2000): Continuity and discontinuity of attachment from infancy through adolescence. In: Child Development, 71 (3), S. 690–694.

Hanses, A. (2009): Professionalisierung Sozialer Arbeit – Fragmente einer reflexiven Positionsbestimmung. In: Busse, S./Ehlert, G. (Hg.): Soziale Arbeit und Region: Lebenslagen, Institutionen, Professionalität. Berlin. S. 276–293.

Heidbrink, H./Lück, H. E./Schmidtmann, H. (2009): Psychologie sozialer Beziehungen. Stuttgart.

Heiner, M. (2004): Professionalität in der Sozialen Arbeit. Theoretische Konzepte, Modelle und empirische Perspektiven. Stuttgart.

Heiner, M. (2018): Kompetent Handeln in der Sozialen Arbeit. München.

Heltzel, R. (2007): Basiswissen: Supervision und Beratung in der Psychiatrie. Bonn.

Hermer, M./Röhrle, B. (2008): Handbuch der therapeutischen Beziehung. Bd 1. Tübingen.

Herwig-Lempp, J. (2002): Beziehungsarbeit ist lernbar. Systemische Ansätze in der Sozialpädagogischen Familienhilfe. In: Pfeifer-Schaupp, U. (Hg.): Systemische Praxis. Modelle – Konzepte – Perspektiven. Freiburg. S. 39–62.

Hill, B. (2012): Die Bologna-Reform und das Studium der Sozialen Arbeit: Professionalisierung oder Dequalifizierung? In: Becker-Lenz, R./Busse, S./Ehlert, G./Müller-Hermann, S. (Hg.): Professionalität Sozialer Arbeit und Hochschule. Wiesbaden. S. 287–302.

Hill, P. B./Kopp, J. (2004): Familiensoziologie – Grundlagen und theoretische Perspektiven. Stuttgart.

Hochschild, A. (1990): Das gekaufte Herz – Zur Kommerzialisierung der Gefühle. Frankfurt a. M.

Hochschule Magdeburg-Stendal (2016): Modulhandbuch. Im Internet unter: https://www.hs-magdeburg.de/fileadmin/user_ upload/Fachbereiche/SGW/files_BA_SA/BA_Soz_A_Modulhandbuch_2016.pdf (letzter Zugriff: 06.03.2019).

Hochschulrektorenkonferenz/Präsidenten der Hochschulen in der Bundesrepublik Deutschland (2001): Rahmenordnung Soziale Arbeit (FH). Im Internet unter: https://www.kmk.org/fileadmin/veroeffentlichungen_beschluesse/2001/2001_10_11-RO-Soziale-Arbeit-FH.pdf (letzter Zugriff: 13.10.2019).

Holmes, J. (2006): John Bowlby und die Bindungstheorie. 2. Aufl. München.

Honneth, A. (1992): Kampf um Anerkennung – Zur moralischen Grammatik sozialer Konflikte. Frankfurt.

Horvath, A. O./Flückiger, C./Del Re, A. C./Symonds, D. (2011): Alliance in individual psychotherapy. Psychotherapy, 48, S. 9–16.

Hosemann, W./Geiling, W. (2013): Einführung in die systemische Soziale Arbeit. München.

Hradil, S. (2001): Soziale Ungleichheit in Deutschland – Lehrbuch. 8. Aufl. Wiesbaden.

Kahl, K./Schweiger, U. (2007): Schulung in psychiatrischen Interviewtechniken – das Konzept iterativer Hypothesenbildung. In: Voderholzer, U. (Hg.): Lehre im Fach Psychiatrie und Psychotherapie – Ein Handbuch. Stuttgart. S. 206–234.

Kanfer, F. H./Reincker, H./Schmelzer, D. (1996): Selbstmanagement-Therapie. Berlin.

Kessl, F./Reutlinger, C. (2007): Sozialraum – Eine Einführung. Wiesbaden.

Keuper, R. (2013): Soziale Austauschtheorien als Erklärung für menschliches Verhalten in der Gesellschaft. Im Internet unter: http://denkstil.bankstil.de/soziale-austauschtheorien-als-erklaerung-fuer-menschliches-verhalten-in-gesellschaften (letzter Zugriff: 08.05.2019).

Keupp, H. (2003): Identitäten in der Ambivalenz der postmodernen Gesellschaft. Im Internet unter: http://www.ipp-muenchen.de/texte/identitaeten.pdf (letzter Zugriff: 23.10.2019).

Klees, K. (o. J.): Sozialpädagogische Reflexionskompetenz – Von der Konstruktion über die professionelle Rekonstruktion zur Transformation von Bedeutungsprozessen. Im Internet unter: https://www.aufwindinstitut.com/wpcontent/uploads/Reflexionskompetenz.pdf (letzter Zugriff: 23.06.2019).

Kleve, H. (2009): Postmoderne Sozialarbeitswissenschaft. In: Birgmeier, B./Mührel, E. (Hg.): Die Sozialarbeitswissenschaft und ihre Theorie(n). Wiesbaden. S. 101–112.

Kovàcs, L. (2017): Zur Rolle der Ethik in der Sozialen Arbeit. Im Internet unter: https://www.ethikjournal.de/fileadmin/user_upload/ethikjournal/Texte_Ausgabe_2_122017/Kovacs_Zur_Rolle_der_Ethik_in_der_Sozialen_Arbeit_EthikJournal_4_2017-2.pdf (letzter Zugriff: 28.02.2019).

Krafeld, F. (2004): Grundlagen und Methoden aufsuchender Jugendarbeit. Wiesbaden.

Krautz, J./Schieren, J. (2013): Persönlichkeit und Beziehung als Grundlage der Pädagogik. Zur Einführung. In: Krautz, J./Schieren, J. (Hg.): Persönlichkeit und Beziehung als Grundlage der Pädagogik. Weinheim/Basel. S. 7–28.

Kröger, C. (2015): Das Konsistenzmodell von Klaus Grawe: Zu den Zusammenhängen zwischen Grundbedürfnissen, motivationalen Schemata und Gesundheit. Im Internet unter: https://zks-verlag.de/wp-content/uploads/Baustein-10-Christine-Kroeger-Das-Konsistenzmodell-von-Klaus-Grawe-2015.pdf (letzter Zugriff: 23.09.2019).

Kruse, E. (2008): Das Studium der Sozialen Arbeit – Zwischen Tradition und Innovation. Sozial Extra 32, S. 39–43.

Kulessa, C. (1985): Gesprächsführung mit Suizidpatienten im Rahmen der Krisenintervention. In: Wedler, H. (Hg.): Umgang mit Suizidpatienten am Allgemeinkrankenhaus. Tagungsbericht des Symposiums »Der Suizidpatient am Allgemeinkrankenhaus in Darmstadt 2.–4.2.1984«. Regensburg.

Lambert, M. J./Barley, D. E. (2008): Die therapeutische Beziehung und der Psychotherapieeffekt – eine Übersicht empirischer Forschungsergebnisse. In: Hermer, M./Röhrle, B. (Hg.): Handbuch der therapeutischen Beziehung. Tübingen. S. 109–139.

Lauber-Pohle, S. (2018): Soziale Netzwerkbildung und Online-Lernen. Wiesbaden.

Lieb, K./Frauenknecht, S. (2016): Intensivkurs Psychotherapie. 8. Aufl. München.

Lösel, F. (2003): Theorien und Modelle der Paarbeziehung. In: Grau, I./Bierhoff, H.-W. (Hg.): Sozialpsychologie der Partnerschaft. Berlin/Heidelberg. S. 43–75.

Luhmann, N. (2015): Vertrauen. 5. Aufl. Opladen.

Lüssi, P. (2008): Systemische Sozialarbeit: Praktisches Lehrbuch der Sozialberatung. Bern.

Maus, F./Nodes, W./Röh, D. (2013): Schlüsselkompetenzen der Sozialen Arbeit: für die Tätigkeitsfelder Sozialarbeit und Sozialpädagogik. 4. Aufl. Frankfurt a. M.

Maykus, S. (2017): Beobachten, Beurteilen, Handeln. In: Kreft, D./Müller, W. (Hg.): Methodenlehre in der Sozialen Arbeit – Konzepte, Methoden, Verfahren, Techniken. 2. Aufl. München. S. 26–49.

Michalak, J./Willutzki, U. (2011): Therapiemotivation und die Therapeut-Klient-Beziehung. In: Hermer, M./Röhrle, B. (Hg.): Handbuch der therapeutischen Beziehung. Bd. 1. Tübingen. S. 645–676.

Miller, T. (2011): Soziale Arbeit zwischen Disziplinarität und Transdiziplinarität. In: Schumacher, T. (Hg.): Die Soziale Arbeit und ihre Bezugswissenschaften. Stuttgart. S. 241–255.

Miller, W. R./Rollnick, S. (2015): Motivierende Gesprächsführung. 3. Aufl. Freiburg i. Br.

Morschitzky, H. (2007): Psychotherapie Ratgeber: Ein Wegweiser zur seelischen Gesundheit. Wien.

Moser, T. (2018): Brüche und Abbrüche. Im Internet unter: https://www.aerzteblatt.de/pdf.asp?id=198473 (letzter Zugriff 26.04.2019).

Mühlum, A./Buttner, P. (2009): Das Studium der Sozialen Arbeit – Entwicklungslinien und Perspektiven. In: Gahleitner, S. B./Effinger, H./Kraus, B./Miethe, I./Stövesand, S./Sagebiel, J. (Hg.): Disziplin und Profession Sozialer Arbeit: Entwicklungen und Perspektiven. Bd. 1. Opladen. S. 155–170.

Nussbaum, M. (1999): Gerechtigkeit oder das gute Leben. Frankfurt.

Otto, J. H./Euler, H. A./Mandl, H. (2000): Begriffsbestimmungen. In: Otto, J. H./Euler, H.A./Mandl, H. (Hg.): Emotionspsychologie – Ein Handbuch. Weinheim. S. 11–18.

Pankofer, S./Vogt, A. (2011): Gone with the wind! Psychologie und Soziale Arbeit – Potentiale einer (noch) einseitigen Liebe. In: Katholische Stiftungsfachhochschule München (Hg.): Soziale Arbeit und ihre Bezugswissenschaften. Stuttgart. S. 25–40.

Pelizäus-Hoffmeister, P. (2001): Mobilität – Chance oder Risiko? Soziale Netzwerke unter den Bedingungen räumlicher Mobilität – das Beispiel freie JournalistInnen. Wiesbaden.

Petermann, F. (1996): Psychologie des Vertrauens. Göttingen.

Petzold, H. G. (1992): Integrative Therapie. Modelle, Theorien und Methoden für eine schulenübergreifende Psychotherapie. Bd. 2. Paderborn.

Pörtner, M. (2013): Fachkompetenz oder Mitmenschlichkeit? In: Blaha, K./Meyer, C./Müller-Teusler, S. (Hg.): Die Person als Organon in der Sozialen Arbeit, Erzieherpersönlichkeit und qualifiziertes Handeln. Wiesbaden. S. 113–121.

Reich, K. (2004): Konstruktivistische Didaktik. Lehren und Lernen aus interaktionistischer Sicht. Neuwied.

Reich, K. (2008): Zirkuläres Fragen. Im Internet unter: http://methodenpool.uni-koeln.de/download/zirkulaeres-fragen.pdf (letzter Zugriff: 14.05.2019).

Riegler, A. (2016): Anerkennende Beziehungen in der Sozialen Arbeit: Ein Beitrag zu sozialer Gerechtigkeit zwischen Anspruch und Wirklichkeit. Wiesbaden.

Rogers, C. R. (1961/2004): Entwicklung der Persönlichkeit. Psychotherapie aus der Sicht eines Therapeuten. 15. Aufl. Stuttgart.

Röh, D. (2006): In wessen Auftrag arbeiten wir? In: Soziale Arbeit, 12, S. 442–449.

Sachse, R. (2016): Therapeutische Beziehungsgestaltung. 2. Aufl. Göttingen.

Schädel-Deininger, H./Villinger, U. (1996): Praktische psychiatrische Pflege. Bonn.

Schäfer, P./Bartosch, U. (2016): Qualifikationsrahmen Soziale Arbeit – Version 6.0. Im Internet unter: http://www.fbts.de/fileadmin/fbts/QR_SozArb_Version_6.0.pdf (letzter Zugriff: 17.06.2019).

Schäffter, O. (2001): Weiterbildung in der der Transformationsgesellschaft – Zur Grundlage einer Theorie in der Institutionalisierung. Hohengehren.

Schilling, J./Klus, S. (2018): Soziale Arbeit – Geschichte, Theorie, Profession. 7. Aufl. München.

Schmid Noerr, G. (2012): Ethik in der Sozialen Arbeit. Stuttgart.

Schmocker, B. (2011): Soziale Arbeit und ihre Ethik in der Praxis: Eine Einführung mit Glossar zum Berufskodex Soziale Arbeit Schweiz. Bern.

Schröder, C. (2017): Emotionen und professionelles Handeln in der Sozialen Arbeit – Eine Ethnographie der Emotionsarbeit im Handlungsfeld der Heimerziehung. Wiesbaden.

Schroll, B. (2007): Bezugsbetreuung für Kinder mit Bindungsstörungen – Ein Konzept für die heilpädagogisch-therapeutische Praxis. Marburg.

Schulze-Krüdener, J. (2015): Lachen und Spaß machen sind erlaubt – Humor in der Sozialen Arbeit als Bewältigungs- und Interventionsstrategie der professionellen Akteure. In: SozialAktuell, 2, S. 17–20.

Schüttauf, K./Brudermüller, G. (2007): Globalisierung – Probleme einer neuen Weltordnung. Würzburg.

Schweer, M. (2004): Vertrauen und soziale Unterstützung in der pädagogischen Beziehung. In: Bildung und Erziehung, 57 (3), S. 279–288.

Schweitzer, J./Schlippe, A. von (2006): Lehrbuch der systemischen Therapie und Beratung II: Das störungsspezifische Wissen. Göttingen.

Seithe, M. (2012): Schwarzbuch Soziale Arbeit. 2. Aufl. Wiesbaden.

Sen, A. (1992): Inequality Re-examined. Oxford.

Sonnenmoser, M. (2007): Schulverweigerung – Ein Heterogenes Problem. Im Internet unter: https://www.aerzteblatt.de/pdf.asp?id=56598 (letzter Zugriff: 17.03.2019).

Spiegel, H. von (2006): Methodisches Handeln in der Sozialen Arbeit. 2. Aufl. München.

Staats, H. (2017): Die therapeutische Beziehung: Spielarten und verwandte Konzepte. Göttingen.

Staub-Bernasconi, S. (2007): Soziale Arbeit als Handlungswissenschaft. 2. Aufl. Stuttgart.

Stimmer, F./Ansen, H. (2016): Beratung in psychosozialen Arbeitsfeldern. Grundlagen – Prinzipien – Prozess. Stuttgart.

Strauss, B. (2011): Bindungsforschung und therapeutische Beziehung. In: Hermer, M./Röhrle, B. (Hg.): Handbuch der therapeutischen Beziehung. Bd. 1. Tübingen. S. 205–232.

Stumm, G. (2000): Psychotherapie. In: Pritz, A./Stumm, G. (Hrsg.): Wörterbuch der Psychotherapie. 2. Aufl. S. 569–570.

Tamm, J. (2015): Ambulant betreutes Wohnen aus der Perspektive Psychiatrieerfahrener – Abschlussbericht eines Kooperationsprojektes der Universität Siegen, der Arbeitsgemeinschaft Gemeindepsychiatrie Rheinland e. V. (AGpR e. V.), dem Landschaftsverband Rheinland (LVR) und der Eckhard Busch Stiftung. Im Internet unter: https://dokumentix.ub.unisiegen.de/opus/volltexte/2015/933/pdf/Julia_Tamm.pdf (letzter Zugriff: 21.03.2019).

Thiersch, H. (1992): Lebensweltorientierte Soziale Arbeit – Aufgaben der Praxis im Sozialen Wandel. Weinheim/München.

Thiersch, H. (2014): Zur sozialpädagogischen Haltung. Im Internet unter: http://www.hans-thiersch.de/Hans-Thiersch.de/Veroeffentlichungen_files/Haltung--Endfassung.pdf (letzter Zugriff: 30.10.2019).

Univativ GmbH (2019): Berufseinstieg mit Miesen: Fast jeder zweite Absolvent verlässt die Hochschule mit Schulden. Im Internet unter: https://www.pressebox.de/inaktiv/univativ-gmbh-cokgdarmstadt/Berufseinstieg-mit-Miesen-Fast-jeder-zweite-Absolvent-verlaesst-die-Hochschule-mit-Schulden/boxid/816557 (letzter Zugriff: 19.03.2019).

Verband der Vereine Creditreform e.V. (2018a): SchuldnerAtlas Deutschland 2018. Im Internet unter: https://www.creditreform.de/fileadmin/user_upload/central_files/News/News_Wirtschaftsforschung/2018/Presseinfo-SchuldnerAtlas-Deutschland-2018.pdf (letzter Zugriff: 20.10.2019).

Verband der Vereine Creditreform e. V. (2018b): Schuldneratlas 2018 – Überschuldung von Verbrauchern. Im Internet unter: https://www.creditreform.de/fileadmin/user_upload/crefo/download_de/news_termine/wirtschaftsforschung/schuldneratlas/Analyse_SchuldnerAtlas_2018.pdf (letzter Zugriff: 19.03.2019).

Wagenblas, S. (2004): Vertrauen in der Sozialen Arbeit – Theoretische und empirische Ergebnisse zur Relevanz von Vertrauen als eigenständiger Dimension. Weinheim.

Wahlster, A. (2014): Was tun, wenn sich nichts tut? Zum Umgang mit dem Phänomen Nichtveränderung. Im Internet unter: https://www.dhs.de/fileadmin/user_upload/pdf/Newsletter/NL12014_Was_tun.pdf (letzter Zugriff: 23.04.2019).

Wälte, D./Borg-Laufs, M./Brückner, B. (2011): Psychologische Grundlagen der Sozialen Arbeit. Stuttgart.

Walter, U. M. (2017): Grundkurs methodisches Handeln in der Sozialen Arbeit. Basel.

Waters, E./Cummings, E. M. (2000): A secure base from which to explore close relationships. In: Child Development, 71. Jg., H 1, S. 164–172.

Watzlawick, P./Beavin, J./Jackson D. (1969): Menschliche Kommunikation. Formen, Störungen, Paradoxien. Göttingen.

Weinert, F. E. (2001): Vergleichende Leistungsmessung in Schulen – Eine umstrittene Selbstverständlichkeit. In: Weinert, F. E. (Hg.): Leistungsmessungen in Schulen. Weinheim/Basel. S. 17–32.

Widulle, W. (2012): »Ich hab' mehr das Gespräch gesucht« – Kommunizieren lernen im Studium Sozialer Arbeit. Wiesbaden.

Wilber, K. (2001): Integrale Psychologie. Geist, Bewusstsein, Psychologie, Therapie. Freiburg i. Br.

Wildt, J. (2003): »The Shift from Teaching to Learning« – Thesen zum Wandel der Lernkultur in modularisierten Studienstrukturen. Im Internet unter: https://www.

u-asta.uni-freiburg.de/politik/bologna/texte/thesen-zum-wandel.pdf (letzter Zugriff: 19.10.2019).

Zwicker-Pelzer, R. (2004): Netzwerkarbeit als systemische Intervention in Sozialer Arbeit. Im Internet unter: https://www.dgsf.org/service/wissensportal/Netzwerkarbeit%20als%20systemische%20Intervention%20in%20Sozialer%20Arbeit%20-2004.pdf (letzter Zugriff: 05.05.2019).